Steffen Ritter
Selbstbewusstsein

STEFFEN RITTER

SELBST-BEWUSST-SEIN

Warum es andere haben und wie auch du es bekommst

Mit Illustrationen von
Werner Tiki Küstenmacher

GABAL

Bibliografische Information der Deutschen Nationalbibliothek

Die Deutsche Nationalbibliothek verzeichnet diese Publikation in der Deutschen Nationalbibliografie; detaillierte bibliografische Daten sind im Internet über http://dnb.d-nb.de abrufbar.

ISBN 978-3-86936-724-8

Lektorat: Ulrike Hollmann, Hambergen
Umschlaggestaltung: Stephanie Böhme, Strategische Konzeption und Design
Illustrationen: Werner Tiki Küstenmacher
Foto Steffen Ritter: Dirk Hoppe, Digital Design Studios
Foto Werner Tiki Küstenmacher: privat
Satz und Layout: Das Herstellungsbüro, Hamburg | www.buch-herstellungsbuero.de
Druck und Bindung: Salzland Druck, Staßfurt

www.gabal-verlag.de
www.facebook.com/Gabalbuecher
www.twitter.com/gabalbuecher

Inhalt

EIN PAAR GEDANKEN VORAB

Kein Vorwort

Geh deinen Weg und lass die Leute reden.
Dante Alighieri

Es geht auch ohne

Oft starten Bücher mit einem kleinen Vorwort. Zumeist geschrieben von etablierten Persönlichkeiten, bekannt aus Kino, Funk und Fernsehen. Beim Lesen fragte ich mich schon manches Mal, ob die Vorwortschreiber das Buch auch tatsächlich gelesen haben.

Ich selbst dachte beim Schreiben dieses Buchs – passend zum Thema – sofort an Angela Merkel, an Papst Franziskus oder an den Dalai Lama. Alle drei sind sich ihrer selbst bewusst, sehr selbstbewusst. Nachgefragt habe ich nicht.

Mir war selbst bewusst: Es geht auch ohne.

… aber zumindest ein kleines Editorial!

Was hinter und vor
uns liegt, ist beides nichts
verglichen mit dem,
was in uns liegt.

Ralph Waldo Emerson

Selbstbewusstsein – ein sehr persönliches Thema

Was machen selbstbewusste Menschen eigentlich anders als andere? Warum traut sich manch einer sehr viel, fast alles, zu, viele andere wiederum wenig bis nahezu gar nichts? Warum sieht man selbstbewussten Menschen bereits an, dass sie ein hohes Maß an Selbstvertrauen haben? Und vor allem: Wie gelingt es, Schritt für Schritt etwas selbstbewusster zu werden? Wie kann ein Leser meines Buches von den Antworten auf diese und noch viel mehr Fragen rund ums Selbstbewusstsein dauerhaft profitieren?

Selbstbewusst sein, sich seiner selbst bewusst sein, ist ein sehr, sehr persönliches Thema, keine Frage. Deshalb schreibe ich dieses Buch in der Du-Form und hoffe sehr, ich habe dafür dein Einverständnis.

Zu Beginn eine kleine Warnung ... Ich bin kein Psychologe, das Buch hat keinen individuell therapeutischen Ansatz. Das ist zudem per Buch auch schwer möglich, die individuelle Diagnose fehlt ja stets. Ich selbst bin Anwender, heute sozusagen selbstbewusster Anwender. Das war nicht immer so, ganz im Gegenteil. Dazu später mehr. Zudem bin ich ein recht aufmerksamer Beobachter meines Umfeldes und sehr vieler Menschen, die ich Woche für Woche in Firmen kennenlerne, die von meinem Institut und mir persönlich seit über 25 Jahren beraten und entwickelt werden.

Sofern du wissenschaftliches Know-how rund ums Thema Selbstbewusstsein erlangen möchtest, rate ich dir vom Kauf dieses Buchs ab. Du wirst es nicht finden. Genauso wenig findest du auf den nächsten Seiten Übungen, die du lediglich dreimal vor dem Spiegel absolvieren musst, um dann sofort selbstbewusster zu sein. Bei solchen Empfehlungen steigt in mir regelmäßig das Gefühl großer Skepsis auf. Solche Tipps sind oft sehr pauschal, sollen jedoch für alle gleich wirksam sein. Tritt diese Wirkung dann nicht ein, ist die Enttäuschung umso größer.

Wenn du aber Interesse daran hast, zu verstehen, wie aus meiner Sicht Selbstbewusstsein entsteht, wie Selbstbewusstsein »funktioniert«, wie auch du dich und dein Selbstbewusstsein weiterentwickeln kannst, dann freue ich mich über die Zeit, die du meinem Buch schenkst. Du findest Ideen, du findest ein paar ausgewählte Wege, du findest zudem viele Beobachtungen, die ich in den letzten Jahren gemacht habe. Genauso freue ich mich im Anschluss über ein kleines Feedback, meine Kontaktdaten findest du ganz hinten im Buch. Und ganz besonders würde ich mich über eine Rezension von dir, zum Beispiel bei Amazon, freuen.

In meinem Buch werfen wir gemeinsam zuerst einen Blick hinter die Kulissen fehlenden Selbstbewusstseins. Ich werde auch ein paar persönliche Episoden und Geschichten erzählen, die zur Veranschaulichung dienen. Es werden nur wenige sein, denn es geht nicht um mich. Das Buch ist in die Teile »Selbstwert«, »Selbstvertrauen« und »Selbstliebe« gegliedert. Alle drei haben bei den sehr selbstbewussten Menschen große Bedeutung. Am Ende eines jeden Teils beschreibe ich nochmals zusammenfassend, was die äußerst Selbstbewussten in diesem Thema besonders ausmacht. Das ist spannend, sie haben viele Gemeinsamkeiten. Und schließlich geht es immer wieder ans Eingemachte. Wie kommst du selbst von A nach B? Was könnte dir auf deinem Weg zu schrittweise mehr Selbstbewusstsein eventuell von Nutzen sein? Oder – wenn du bereits selbstbewusst bist – wie gehst du damit um?

Bitte selektiv wahrnehmen!

Bei all dem, was nun vor uns liegt, habe ich noch eine große Bitte. Nimm all das, was auf den nächsten Seiten folgt, sehr selektiv wahr. Ich habe die Weisheit nicht mit Löffeln gefressen und es gibt keine pauschal gültigen Rezepte. Suche dir deshalb das raus, was für dich passt. Ignoriere all das, was für dich nicht passt. So du willst, ist schon das eine sehr selbstbewusste Entscheidung.

Selbstbewusstsein folgt dem Sich-seiner-selbst-bewusst-Sein!

Werde deiner selbst bereits bei den Gedanken rund um die Frage »Was passt zu mir?« bewusster. Vielleicht ist mancher Impuls dabei, über den du zwei- oder dreimal nachdenken wirst. Eventuell klingt manches sogar eher seltsam. Lass dich darauf ein. Selbstbewusstsein folgt dem Sich-seiner-selbst-bewusst-Sein.

Ich bin mir bewusst, dass sowohl dieses Buch als auch manches Berufliche in den letzten Jahren nicht möglich gewesen wäre, wenn ich familiär nicht so viel Rückenwind und Nachsicht bekommen hätte, für manches Abwesendsein von zu Hause, für manche Schreibschicht auch daheim. Deshalb ein riesengroßes Dankeschön meinen vier Kindern und meiner Frau Dana.

Zur Sicherheit nun noch ein letzter, kleiner Gedanke, dann geht's aber wirklich los ...

Nur zur Sicherheit: Wann dieses Buch ein »Erfolgsbuch« ist

Erfolg ist relativ, und das absolut.

Lisz Hirn

Viele haben mich bereits im Vorfeld gefragt, ob mein Buch ein Erfolgsbuch wird. Die Fragenden meinten damit weniger, ob das Buch selbst ein Erfolg wird. Es ging vielmehr darum, ob es den Lesern hilft, erfolgreicher zu werden.

Ich konnte diese Frage auf Anhieb gar nicht beantworten. Denn Erfolg und Selbstbewusstsein sind nicht das Gleiche. Vor allem: Welcher Erfolg ist genau gemeint? Der berufliche? Der private? Beides? Oder was ganz anderes?

Bewirkt Selbstbewusstsein Erfolg?
Oder schafft Erfolg Selbstbewusstsein?

Sicher haben Selbstbewusstsein und Erfolg einiges miteinander zu tun. In Trainings- oder Beratungsbroschüren kann man manchmal lesen »Werde selbstbewusst und automatisch erfolgreicher«. So läuft das aber nicht. Ich habe bereits viele Menschen kennengelernt, bei denen beides nicht zwingend und untrennbar miteinander verbunden war. Vor allem stellt sich wie bei Huhn und Ei die Frage: Was war eigentlich zuerst da? Hat das Selbstbewusstsein erfolgreich gemacht? Oder der Erfolg selbstbewusster?

Letztlich kann nur jeder für sich festlegen, was in den eigenen Augen Erfolg bedeutet.

- Willst du den Mut zusammennehmen, etwas ganz Neues zu beginnen?
- Willst du künftig mehr und mehr das tun, was dir wirklich Spaß macht?
- Willst du die eine oder den einen kennenlernen und glücklich sein?
- Willst du auf der beruflichen Karriereleiter nach oben klettern?
- Willst du einfach mehr wertvolle Kontakte zu anderen Menschen?
- Oder hast du etwas ganz anderes im Sinn?

Erfolg hat viele Facetten, das waren bei Weitem nicht alle. Wenn dir dieses Buch ganz persönlich etwas mehr Bewusstsein in eigener Sache gibt, wenn es dich also etwas selbstbewusster macht – dann war es ein Erfolg.

Was auf dem Fundament deines Selbstbewusstseins entsteht, ist deine Entscheidung!

Was du dann auf dem Fundament wachsenden Selbstbewusstseins ganz persönlich für dich bauen wirst, ist eine sehr individuelle Entscheidung. Das wird sehr verschieden sein. Sicher widmet sich mancher bereits äußerst selbstbewusste Leser diesem Thema aus purem Interesse, andere wiederum wollen sehr bewusst an sich arbeiten.

Am Ende – und das wäre ein schönes Resultat – können die nächsten Seiten natürlich ebenfalls dazu beitragen, dass du neben dem Blick auf dich selbst auch anderen zu mehr positivem Selbstbewusstsein verhilfst. Das können deine Kinder sein, das können Freunde und Bekannte sein, das können auch Kollegen oder Mitarbeiter sein. Dazu später mehr. Erst geht es um uns, erst geht es um dich!

Gehst du mit mir auf die Reise?

Teil 1

SELBSTWERT

Grüne Soße

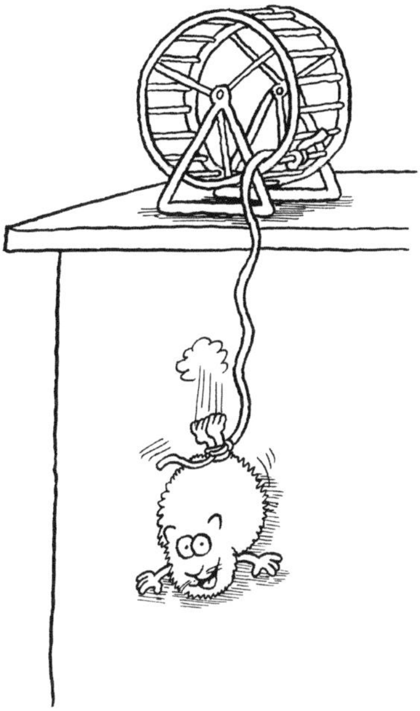

Die meisten Menschen sind so glücklich, wie sie es sich selbst vorgenommen haben.

Abraham Lincoln

Frankfurt, Zentrum

Ich habe mehrere Schwächen. Eine davon ist grün. Seit ich das erste Mal im Raum Frankfurt war, habe ich mich in »grüne Soße« verliebt. In den meisten einheimischen Restaurants ist sie aus angeblich genau sieben Kräutern und nach einer mehr oder weniger geheimnisvollen Zubereitung zu bekommen.

Seitdem muss ich – immer wenn ich in Frankfurt bin – zu ihr, zu meiner grünen Soße. Direkt im Zentrum der Stadt ist ein Restaurant, das es mir angetan hat. Dort schmeckt sie mir als Nichtinsider am besten. Warum ich genau dort hingehe, hat aber noch einen zweiten Grund. Es ist die Toilettenfrau. Ja, richtig, es ist die Toilettenfrau. Es ist eine ungefähr sechzigjährige, sehr freundliche, sehr gepflegte Dame.

Nachdem ich sie ein paarmal gesehen hatte, manchmal mit Mini-Small-Talk, sagte ich zu ihr: »So freundlich, wie Sie jeden Tag sind, muss Ihre Arbeit Ihnen wirklich Spaß machen.« Sie lächelte mich an, nickte und erwiderte: »Was wäre so ein Haus ohne saubere Toiletten? Wissen Sie, meine Arbeit ist wichtig.«

Wir unterhielten uns noch etwas. »Nicht jeder Gast in Frankfurt ist freundlich«, sagte sie. »Manch Anzugträger schenkt mir hier unten nicht mal einen Blick.« Ich sagte ihr, wie gern ich in dieses Restaurant komme und dass auch sie ein Grund dafür sei.

Dein Schlüssel liegt bereit

Ich habe nach unserem ersten etwas längeren Gespräch noch den ganzen Tag darüber nachgedacht. Ich habe noch heute ihr Lächeln, ihre Freundlichkeit, ihre herzliche Offenheit vor Augen. Und ich habe seither immer wieder dieses Restaurant besucht. Nicht immer, aber oft war sie da und wir unterhielten uns kurz. Eine wirklich ausstrahlungsstarke Dame, die dort direkt vor den Toilettenräumen sitzt.

Obwohl ich bereits seit sehr vielen Jahren Menschen auf ihrem Weg begleite – der eine mehr, der andere weniger selbstbewusst –, habe ich erst seit diesem Gespräch intensiv darüber nachgedacht, mich mit diesem so wichtigen Thema Selbstwert und Selbstbewusstsein näher zu befassen, vielleicht sogar ein Buch darüber zu schreiben. Nun hast du es in der Hand und ich danke dir sehr für dein Vertrauen.

Jeder kann sich willentlich entscheiden, sein Selbstbewusstsein zu stärken. Jeder.

Selbstbewusstsein ist etwas, was bei uns allen über Jahre gebildet wird. Durch unsere Erziehung, durch unser Umfeld. Die Voraussetzungen dafür, selbstbewusst werden zu können, sind definitiv nicht für alle Menschen identisch. Aber eines ist gleich: Jeder kann sich irgendwann dafür entscheiden, an seinem Selbstbewusstsein zu arbeiten. Jeder kann sich willentlich, kann sich bewusst dafür entscheiden, sein Selbstbewusstsein zu stärken. Jeder. Der Schlüssel zu mehr Selbstbewusstsein liegt in uns allen. Auch dein Schlüssel liegt bereit.

Wenn wir uns selbst bewerten

Erwartungen sind der Fallstrick
vor der Grube der Enttäuschungen.

Hermann J. Elling

Was heißt eigentlich Wert?

Jeder Mensch möchte wertvoll sein. Jeder Mensch möchte voll mit Wert sein. Nur was bedeutet eigentlich Wert?

Beginnen wir mal völlig artfremd. Es gibt ziemlich viele Sorten von Wert: Marktwert, Buchwert, Zeitwert, Sonst-was-Wert. Bei all dem geht es natürlich erst einmal um etwas Ökonomisches. Der Wert ist in der Wirtschaft eine Basis für die Verrechnung von Leistungen oder Gütern. Das geschieht dann immer in einem bestimmten Verhältnis. Ein Karton Milch kann zum Beispiel den Wert von drei

Brötchen haben. Ein Einfamilienhaus hat vielleicht den Wert von sechs Mittelklasseautos. Der tatsächliche Preis macht das Ganze dann noch etwas objektiver.

Für die Vermessung des eigenen Wertes gibt es weder Waage noch Lineal.

Um sich seiner selbst bewusst zu werden, ist der eigene Wert von ganz besonderer Bedeutung. Deswegen stelle ich den Teil »Selbstwert« in meinem Buch an den Anfang. Welchen Wert misst du dir selbst bei? Welchen Wert sehen andere in dir? Das ist leichter für mich geschrieben als für uns alle wirklich erkannt. Für die Vermessung des eigenen Wertes gibt es weder Waage noch Lineal. Und schon gar nicht ist es ein Betrag in irgendeiner Währung, auch wenn mancher sein Einkommen für seinen Wert hält.

Dieses Buch ist weniger Rückblick, es will vielmehr Vorausschau sein. Deshalb werden wir jeweils nur sehr kurz in die Vergangenheit schauen. Es steht mir auch gar nicht zu, deine Vergangenheit zu bewerten. Dies wäre notwendigerweise sehr allgemein, es ist aus der Ferne schlecht möglich. Und seriös wäre es schon gar nicht.

Die Zusammenhänge sind stets sehr komplex, die Gründe, warum wir so sind, wie wir sind, vielfältig. Menschen kommen weder mit noch ohne Selbstwertgefühl auf die Welt. Das Selbstwertgefühl wird gebildet. Über Jahre. Durch andere. Und durch uns selbst. Die Kindheit, die ersten Lebensjahre sind natürlich prägend. An dieser Stelle möchte ich auch in dieses Buch starten.

Die Geburt der eigenen Selbstbewertung

In den ersten Jahren sind die Eltern für uns alle das Maß der Dinge. Was sie sagen, ist richtig. Den eigenen Eltern etwas recht zu machen, ist über alle Maßen bedeutsam. Es ist schlichtweg essenziell. Als Kind wussten wir instinktiv, dass es ohne die Eltern nicht geht. So werden Verbote zumeist angenommen, quasi sicherheitshalber. Regeln werden oft so stark verinnerlicht, dass Kinder sich manchmal selbst in ihren Gedanken oder in Selbstgesprächen mit »Das tut man nicht!« oder »Das sagt man nicht!« steuern.

Unsere innere Stimme sorgte dafür, dass wir in der Spur blieben.

Diese eigene selbstregulierende, oft maßregelnde Stimme ist in der ersten Phase unseres Lebens sehr wertvoll. Sie sichert das Zusammenleben, die Zuneigung. Sie sichert letztlich die Existenz. Denn ohne Eltern sind wir verloren. So sorgten wir selbst mit dieser – unserer – Stimme dafür, dass wir in der Spur blieben. Wir bewerteten uns selbst bei schlechtem Benehmen, bei falschem Verhalten. Wir steuerten uns, so wie es eventuell unsere Eltern gemacht hätten. Denn es galt, immer auf der Bahn zu bleiben, im Korridor des Erlaubten. Was man eben so machte, was man eben so sagte. Und was nicht. Alles natürlich nach dem Regelwerk unserer Eltern.

Wenn die innere Stimme zum Scharfrichter wird

Bis dahin ist das Ganze noch kein Problem. Sich an Gebote, sich an Regeln zu halten, ist nicht grundsätzlich falsch. Im Gegenteil. Falsch wird es erst, wenn unser eigenes Verhalten mit uns als Mensch gleichgesetzt wird. Wer etwas Schlechtes macht, ist ein schlechter Mensch. Wer etwas Verwerfliches denkt, ist selbst verwerflich. Wer etwas Falsches tut, ist selbst nicht o.k.

So beginnen viele – initiiert durch ihre Eltern oder ihr Umfeld – später ihr eigenes Verhalten mit sich als Person gleichzusetzen. Wenn du als Kind Aussagen wie »Du wirst es nie zu etwas bringen!« oder »Du bist einfach zu nichts zu gebrauchen!« gehört hast, prägt das auch dein inneres Bild von dir. Mehr und mehr verinnerlichst du, dass mit dir etwas nicht stimmt.

All das beginnt in den ersten Lebensjahren. Prägungen aus dieser Zeit sind besonders wirksam. Es hört aber auch später nicht auf. Je öfter wir Aussagen wie »Du bist einfach nur unfähig!« hören, umso fester wird – ob bewusst oder unbewusst – die eigene Schlussfolgerung »Mit mir stimmt wirklich etwas nicht«. Je häufiger wir gehört oder gespürt haben, dass es mit unserem Wert nicht weit her ist, umso stärker übernimmt auch unsere innere Sichtweise diese Erkenntnis. Das Ganze ist ein schleichender Prozess. Über Jahre. Unbemerkt.

Hat dein Selbstwert für dich Liebhaberwert?

Nachdem es früher, in der Kindheit, andere getan haben, zieht uns heute eventuell die eigene innere Stimme runter. Bei manchen wird sie zum unnachgiebigen Scharfrichter, so wie zu Anfang dieses Kapitels im Bild. Sie ist immer dann aktiv, wenn es Gründe dafür gibt, wenn wir zum Beispiel meinen, nicht erfolgreich zu sein. Wenn Misserfolge und Frusterlebnisse uns belasten. Im besten Falle ist unser Selbstwert jedoch ein wahrer Liebhaberwert, also ein sehr hoher Wert. Dann genau bist du für dich sehr, sehr viel wert. Wie Selbstachtung und Selbstliebe dies bewirken können, darauf gehe ich später ausführlich ein.

Unter unseren Erwartungen

Menschen mit geringem Selbstwertgefühl gehen oft sehr hart mit sich ins Gericht. Der innere Scharfrichter – wie eben kurz beschrieben – ist am Werk. Damit du mich nicht missverstehst: Es geht mir nicht darum, dass du künftig völlig unkritisch mit dir umgehst und jede kritische Sicht auf dich selbst streichst. Es geht mir um das extreme Selbstbewerten, wenn etwas nicht klappt, wenn sich

Misserfolge eingestellt haben. Was aber genau ist dabei ein Misserfolg? Zumeist haben wir irgendetwas getan, was nicht zum gewünschten, zum erhofften Resultat geführt hat. Das Ergebnis hat für uns nicht gestimmt.

Eine entscheidende Rolle spielt unsere Erwartungshaltung, unsere Vorstellung vom Ergebnis. Gemessen an dieser Erwartung bewerten wir Erfolg oder Misserfolg. Viele Menschen neigen dazu, von sich selbst viel zu viel zu erwarten. Mit anderen sind sie vergleichsweise sehr viel rücksichtsvoller. Die Wahrscheinlichkeit, an derart hohen Erwartungen zu scheitern, wird dann natürlich riesengroß.

Hinzu kommt, dass der eigene Misserfolg noch dadurch gekrönt wird, dass man von sich selbst enttäuscht ist. So wird der eigene Wert mehr und mehr zum Schrottwert.

Diesen Prozess kennst du ganz sicher auch aus der anderen Perspektive. Wenn ein anderer dich oder eine Person deines Umfeldes einmal so richtig enttäuscht hat, schwindet das Vertrauen in ihn. Kommt dies häufiger vor, sinkt das Vertrauen immer weiter gegen null.

Der Selbstwert ist der Acker, auf dem das Selbstvertrauen wächst.

Genauso funktioniert es auch mit uns, nur nehmen wir es in der Regel weniger wahr. Wenn wir nach Misserfolgen von uns selbst enttäuscht sind, reduziert sich das Vertrauen in uns selbst. Es schwindet unser Selbstvertrauen. Je häufiger wir von uns selbst enttäuscht sind, desto mehr geht das Selbstvertrauen den Bach runter. Der Selbstwert ist der Acker, auf dem das Selbstvertrauen wächst. Im Teil »Selbstvertrauen« etwas weiter hinten erfährst du dazu mehr.

Bei Erfolgen, Misserfolgen und deren Bewertung durch uns selbst sind wir abhängig von unserer Erwartungshaltung. Für unseren Selbstwert, den Ausgangswert für alles Weitere, tragen wir die Verantwortung, trägst du die Verantwortung. Nur du kannst ihn beeinflussen. Denn wer ist die- oder derjenige, mit der oder dem du am häufigsten zu tun hast? Es ist niemand anderer als du selbst!

Wenn uns andere kleinmachen

Viele ziehen andere runter,
um selbst da unten nicht allein zu sein.
Steffen Ritter

Von Gelddieben und Zeitdieben

Ob wir uns selbst so oder so bewerten, ob wir selbst von uns enttäuscht sind oder aber nicht, können letztlich nur wir entscheiden. Vor allem entscheiden es unsere Ansprüche an uns selbst. Ob und wie uns aber andere bewerten, liegt dauerhaft nicht in unserer Hand. Und von den anderen gibt es oft viele.

Menschen können anderen Menschen vieles rauben. Sie können Geld stehlen, das wird strafrechtlich verfolgt. Ich weiß nicht, wie oft du schon beklaut worden bist. Im Normalfall dürftest du es nicht bemerkt haben, sonst wäre es nicht passiert. Ganz sicher kein schönes Gefühl. Ein krimineller Akt, keine Frage.

Menschen können anderen Menschen auch Zeit stehlen. Obwohl Zeit oft Geld ist, steht das heute und auch morgen nicht unter Strafe. Ist es kriminell, einem Menschen Zeit zu stehlen? Sicher nicht. Hat man dir schon mal Zeit gestohlen? Ganz sicher ist das schon passiert. Und du hast es bemerkt. Vielleicht hast du es auch erst später so richtig wahrgenommen. Aber du warst durchgehend dabei.

Energie- und Stimmungsdiebe

Geld zu stehlen, ist ein Delikt. Einem anderen Menschen Zeit zu rauben, ist zumindest unschön. Ein dritter Diebstahl kommt noch viel gemeiner daher. Und er schlägt 1:1 auf das Thema meines Buchs durch, auf dein Selbstbewusstsein.

Denn nicht nur Geld und Zeit, sondern noch ein drittes und sehr wichtiges Gut können dir andere Menschen stehlen: Sie können dich deiner Energie berauben. Andere können dich runterziehen. Sie können dich deiner positiven Stimmung im Allgemeinen und dir selbst gegenüber berauben. Das ist auf vielen Wegen möglich. Stimmungsdiebe kommen in verschiedenen Variationen daher. Am schlimmsten sind diejenigen, die uns mit unsachlicher Kritik überziehen.

Kritik kann sensibel sein. Im Berufsleben kann sie zum Beispiel so klingen: »Dein Ansatz ist interessant. Was hältst du davon, dies und das noch zu bedenken?« Oder: »Dein Vorgehen hat mich überrascht, ich wäre anders herangegangen. Kann ich dir meine Variante mal erklären?« Oder auch ganz anders. Auf jeden Fall ist das Gegenüber wertschätzend und interessiert an dir. Kritik kann aber auch mit dem Holzhammer um die Ecke kommen. »Deine

Frisur ist hässlich. Welcher Lehrling ist denn dafür verantwortlich?« Oder: »Dein Text ist unterirdisch. Das hätte jemand ohne Sprachkenntnisse besser gemacht.«

Abgesehen davon, dass Feedback solcher Art unsere Stimmung in den Keller drückt, verschlechtert es auch unser »Selbstwertgefühl«. Wir fühlen uns weniger wohl, wir fühlen uns weniger wert.

Selbstwert von Mitarbeitern in Unternehmen

Für den eigenen Selbstwert – als Ausgangsbasis für mehr Selbstbewusstsein – sind alle Menschen, die uns umgeben, sehr wichtig. Erfahrungen aus unseren Beratungen zeigen zum Beispiel, dass Mitarbeiter von Unternehmen, in denen Wertschätzung und positives Feedback verkümmert sind, auch ihre eigene Leistung und ihren eigenen Wert viel schlechter einschätzen. Das wiederum wirkt sich stark auf deren Arbeit aus. Weniger Vertrauen in sich selbst führt zu weniger Engagement und damit auch zu schlechteren Ergebnissen. Eine Spirale nach unten.

Wertschätzung und daraus resultierendes Selbstbewusstsein sind auch ökonomische Faktoren.

Hier werden Wertschätzung und daraus resultierendes Selbstbewusstsein messbar auch zum Ertragsfaktor, zur ökonomischen Größe. Jeder von uns ist auf Feedback angewiesen. Jeder von uns wünscht sich Anerkennung. In einem Extrakapitel dazu gleich ein paar ausführliche Gedanken. Denn jeder von uns wünscht sich Wertschätzung und Entwicklungsmöglichkeiten. Für die besten, für die erfolgreichsten Unternehmen ist Wertschätzung eine Säule der Firmenkultur.

Rückblende in die Kindheit

Aber nochmals zurück in die Kindheit, zu jedem Einzelnen von uns. Als kleines Kind war alles anders. Wir strotzten vor Selbstvertrauen. Die meisten waren bereit, sich jeder Aufgabe zu stellen. Nichts erschien unmöglich. Wir brauchten nicht zu fragen, schon gar nicht fragten wir uns selbst. Wir machten einfach.

Im Lauf der Zeit, während wir älter wurden, sahen wir uns immer wieder mit Bewertungen konfrontiert. Wir haben Dinge gut, wir haben Dinge schlecht gemacht. Wir haben mal richtig oder mal falsch gehandelt. Wir bekamen über die Jahre endlos viel Feedback, Lob und Tadel. Das nennt man Erziehung. Eine für das Thema dieses Buches sehr wichtige Zeit. Eine Zeit voller Konditionierung. Und eine Zeit voller Fehldeutungen. Denn oft verbinden wir das Feedback nicht mit unseren Handlungen, auf die es sich bezieht, sondern mit uns als Person. Mit unserem Selbstbild, mit unserem Selbstwert.

Die Erziehenden, in der Regel die Eltern, tun oftmals ihr Übriges dazu. Sie sagen im Extremfall »Du bist schlecht, du bist wirklich unfähig« statt »Du hast dich schlecht vorbereitet«. Mitunter eskalieren Erziehungssituationen, die Äußerungen werden unbedachter. Sie werden verletzend. Manchmal aus Überforderung, manchmal aus Enttäuschung. Manchmal sind ganz andere Probleme die Ursache. Und manchmal liegt es auch einfach daran, dass die Erziehenden selbst auf ihre Elternrolle und auf die Aufgabe der Erziehung schlecht vorbereitet waren.

So gehören auch unsere Eltern zu unserem Umfeld, sind beteiligt an der Entwicklung unseres Selbstwertes. Manchmal wurde fehlendes Selbstbewusstsein auch schlichtweg auf die nächste Generation übertragen. Mir geht es aber nicht um die Frage nach einer Schuld. Die Rückschau bringt sicher manche Erkenntnis, lenkt oft aber auch vom Handeln ab. Es geht mir deshalb vielmehr ums Heute, es geht mir um dich und um deine Stärkung. Es geht um deinen Blick nach vorn. Um deine nächsten Schritte auf dem Weg zu mehr Selbstbewusstsein.

Unser Umfeld kann stabilisieren oder destabilisieren.

Ich will natürlich deinen Rückspiegel nicht gänzlich verhängen, weil der Blick zurück für die Antwort auf die Frage nach dem Warum nicht unwichtig ist. Doch viel mehr will ich mit dir intensiv nach vorn schauen. Und damit auch auf die Menschen, die dich auf deiner Reise zu mehr Selbstbewusstsein umgeben. Denn das Umfeld kann stabilisieren, das Umfeld kann aber auch destabilisieren. Es geht um unseren bewussten Umgang mit allen Menschen, die um uns sind. Und schon im nächsten Kapitel geht es bereits um alle diejenigen, die bei deiner Entwicklung eher hinderlich als hilfreich sind.

Achtung, Subtrahenden!

Auch der Löwe muss sich
gegen Mücken wehren.
Deutsches Sprichwort

Die Vorträge waren total Grotte

Jetzt kommt es schon auf den ersten Seiten dieses Buchs knüppeldick. Etwas Mathematik steht bevor. Und das beim Thema Selbstbewusstsein. Reichlich seltsam, oder? Aber gehen wir es langsam an.

Sicher hast du schon mal so etwas wie »Die Umwelt formt den Menschen« gehört. Genauso ist natürlich auch richtig, dass der

Mensch seine Umwelt formt. Beides bedingt letztlich einander. Wir, unser Denken, unsere Selbsteinschätzung, sind immer auch etwas abhängig von der Meinung und der Sicht anderer. Sie wird in direktem Feedback deutlich, in sachlicher und auch in unsachlicher Kritik. Sie wird genauso in Körpersprache und in Blicken deutlich, in den gesamten Reaktionen unseres Umfeldes. Ablehnend oder zustimmend. Aber auch die Grundstimmung anderer überträgt sich im Allgemeinen auf uns und auf unsere Stimmung.

Hierzu eine kleine Geschichte. Kurz vorab, damit es verständlich wird: Beruflich halte ich – auch zum Thema Selbstbewusstsein – häufig Vorträge auf Tagungen von Unternehmen. Kurz vor einem meiner Vorträge – es war vor ein paar Jahren in Hamburg – kam in der letzten Kaffeepause dieser Veranstaltung ein Teilnehmer zu mir. Bis zu meinem Auftritt waren es vielleicht noch 15 Minuten. Eigentlich eine Zeit, in der ich mich konzentriere, in der ich mich auf meinen Vortrag fokussiere. Und übrigens: Bis zu genau dem Moment, wenn ich auf die Bühne gehe, bin auch ich immer ziemlich nervös.

Er war sehr negativ gestimmt, obwohl sein Unternehmen sehr gut lief. Aber der Erfolg wäre, so sagte er eindrücklich, ausschließlich auf ihn als Chef zurückzuführen, seine Mitarbeiter waren sämtlich unfähig und dumm. Seine Kunden wurden auch immer bescheuerter. Die Welt um ihn herum war ausnahmslos schlecht, alles war düsteres Schwarz. Und auch die ganze Veranstaltung, bei der wir beide ja gerade waren, auch alle Vorträge vor mir waren, um ihn zu zitieren, »total Grotte«. Nach kurzer Zeit musste ich ihn freundlich unterbrechen. Es waren nur noch wenige Minuten bis zu meinem Auftritt. Die brauchte ich jetzt.

Energieräuber und Stimmungskiller – die Subtrahenden unseres Alltags

Ich nenne solche Menschen Subtrahenden. Eventuell war er gekommen, weil ich ihm helfen sollte, auch wenn er es nicht gesagt hat. Nach dem Vortrag habe ich ihn nicht mehr gesehen, oft ist man dann umringt von sehr vielen Fragen stellenden Teilnehmern. Vielen Menschen fällt es auch schwer, wirklich zu reflektieren, warum etwas so ist, wie es ist. Manche Menschen sind auch einfach nur schlecht drauf und haben Freude daran, dies anderen mitzuteilen. Sie verbreiten nicht die frohe, sie verbreiten die negative Botschaft. Sie ziehen Energie ab, sind wahre Stimmungskiller. Sie sind Energieräuber. Sie sind Subtrahenden.

Auch wenn sein Statement weder mich noch meinen Vortrag betraf – der stand ja erst noch bevor –, war er nicht hilfreich. Er hatte meine Stimmung bereits irgendwie niedergedrückt und damit auch meine Ausstrahlung. Deshalb brauchte ich also noch ein paar Minuten Reanimierung, um dann voller Elan vor das Plenum treten zu können. Ich musste bei mir wieder etwas verloren gegangene Stimmung addieren. Denn er hatte mich im wahrsten Sinn des Wortes abgezogen.

Subtrahenden gibt's auch to go

Ein anderes Beispiel. Für viele meiner Reisen nehme ich die Bahn. Da kann ich lesen, kann mich vorbereiten, kann schlafen. Regelmäßig kommt es vor, dass sehr negative Zeitgenossen ebenfalls on tour sind. Einmal saß einer aus dieser Spezies neben mir und sagte in einem auf die Minute pünktlichen ICE zwischen Hannover und Hamburg: »Gestern war er wieder sechs Minuten zu spät, auf diesen Sauladen ist nie Verlass.« Ich hätte mit ihm jetzt in ein Gespräch unter dem Motto »Die Bahn ist echt das Letzte!« einsteigen können. Mir war aber nicht danach. Generell ist mir nicht danach. Nur – wie geht man mit solchen negativen Mitmenschen um?

Negative Mitmenschen: die ansteckenden Minus-Viren

Solche Menschen hüllen uns in ein Netz des Negativen ein, sie entziehen uns pausenlos Energie. Je häufiger wir uns mit ihnen umgeben, umso weniger erkennen wir sie, denn das Negative wird zum Normalen. Und oft werden wir immer mehr wie sie.

Leider gelingt es nicht immer, ihnen aus dem Weg zu gehen, die ansteckenden Minus-Viren zu meiden. Eine gute Variante ist es, das Gespräch umzulenken. Dem 6-Minuten-Kollegen habe ich sinngemäß geantwortet, dass die Sonne scheint, die Schaffnerin freundlich und der Zug heute pünktlich ist. Sein Blick war eine gut abgestimmte Mischung aus entsetzt und begriffsstutzig. Er konnte mit meiner Antwort nichts anfangen und sagte schlicht: »Ja.« Mit offenem Mund nach dem Punkt. Ich hätte auch mit meinem Koffer in ein anderes Abteil umziehen können. Aber wer weiß, neben wem ich dann sitze? Ungünstig ist es in der Regel, Subtrahenden bekehren zu wollen. Das endet meist in ewigen Diskussionen, die noch mehr Nerven und noch mehr eigene Stimmung kosten.

Subtrahenden sind ab der Kindheit unterwegs

Meine beiden Beispiele zum Einstieg waren natürlich für sich genommen vollkommen nebensächlich. Sie waren jeweils nicht wirklich wichtig. Die Subtrahenden hätten mir maximal meine gute Laune, hätten mir meine gute Stimmung geraubt. Bei meinem Vortrag möglicherweise auch etwas Qualität. Beide hatten mit meinem Selbstwert nichts zu tun. Aber auch solche Subtrahenden gibt es immer wieder. Es ist zugleich sehr viel bedeutender, wenn derartige Minusangriffe direkt auf unseren Selbstwert, auf unser Sein, auf uns als Person zielen, wenn andere also direkt auf uns losgehen.

Dazu ein kleines Beispiel aus meiner Kindheit. Ich bin in Sangerhausen, im heutigen Sachsen-Anhalt, zur Schule gegangen, also in der ehemaligen DDR. Damals waren Konfessionen, der Glaube generell und der Gang in die Kirche bis auf ganz wenige Regionen eine Seltenheit. Im gleichgerichteten, atheistischen Denken der Massen – so zumindest der Plan – waren Gläubige zudem nicht nur selten, sie waren auch bedenklich bis gefährlich, denn sie waren nicht linientreu.

In den meisten Gebieten, so auch bei uns, gab es nur ein oder zwei Schüler, die evangelisch oder, wie ich, katholisch waren. In meiner Klasse war ich lange Zeit der Einzige. Der Rest der Kinder, also alle außer mir, war – so meine Wahrnehmung damals – normal. Und weil ich nicht unnormal sein wollte, hatte ich, außer im allerengsten Freundeskreis, nie groß darüber gesprochen. Den eigenen Außenseiterstatus in dieser Sache hätte ich damit ja noch mehr zementiert.

Steffen ist nicht gleich Steffen!

Eines Tages, es war in der zweiten (!) Klasse im zweiten Halbjahr, sagte meine Klassenlehrerin zu einem meiner Mitschüler, der ebenfalls Steffen hieß, und mir: »Alle, die Steffen heißen, kommen nach vorn!« Wir beide waren natürlich folgsam und standen nun motiviert – das ist man zu Beginn der Schulzeit ja noch – vor der Klasse. Meine Lehrerin fragte nun alle (es waren knapp 30 Mitschüler): »Wer weiß, was die beiden gemeinsam haben?« Nun, das war nicht schwierig. Die Klasse rief: »Sie heißen Steffen!«

Sie nickte, schaute uns beide kurz an und fragte dann: »Und was gibt es für Unterschiede zwischen den beiden?« Da wir gleich groß, ungefähr gleich dünn waren und sogar in etwa die gleiche Haarfarbe hatten, war das ziemlich knifflig. »Der eine ist schlau, der andere nicht«, war die erste Vermutung. Übrigens, der Schlaue sollte ich sein. Egal, es war falsch.

Und mein Selbstwert schmolz wie ein katholischer Schneemann in der Frühlingssonne dahin.

Als die Kinder keine Lösung hatten, sagte meine Lehrerin lächelnd: »Der eine geht sonntags in die Kirche, der andere nicht. Und nun könnt ihr alle mal lachen.« Und die Klasse lachte, ziemlich intensiv. Mich aus. Ab diesem Tag auch öfter, wie Kinder so sind. Damals für mich eine Totalklatsche. Horror, powered by Klassenlehrerin. Und mein Selbstwert schmolz wie ein katholischer Schneemann in der Frühlingssonne dahin. Aus heutiger Sicht, als Vater meiner Kinder, empfinde ich das Ganze als noch drastischer.

Selbstwert-Minus in Reinkultur

Ich bin mir nicht sicher, was meine Klassenlehrerin da geritten hatte. Wollte sie sich auf Kosten eines Achtjährigen profilieren? Ziemlich armselig, wenn es so wäre. Oder stimmte etwas anderes nicht mit ihr? Ich habe es nie erfahren.

Am Rande eines meiner Workshops habe ich viele Jahre später ein Teilnehmerehepaar kennengelernt. Schon während des Trainingstages war mir aufgefallen, dass der Mann seiner Frau sofort ins Wort fiel, wenn sie ganz neutral und sachlich zu irgendeinem Thema etwas durchaus Sinnvolles sagte. Es klang sinngemäß so (ich verändere mal den Vornamen): »Warte, Susi ...« (und dann zu allen) »... das kann sie nicht besser wissen, sie hat das noch nie verstanden, ich erkläre es noch mal.« Eine andere, kurze Variante war: »Eigentlich war es so ...« Vielleicht noch zur Erklärung: Der Mann hatte ein Vertriebsunternehmen, die Frau war eine seiner Mitarbeiterinnen im Innendienst.

Das ging am Abend so weiter. Ab dem zweiten oder dritten Bier machte der Mann seine Frau dann so richtig nieder, denn sie hatte, so sagte er, weder Studium noch sonst irgendwelche Ahnung von irgendwas. Eigentlich hatte sie Glück gehabt, ihn abbekommen zu haben und in seiner Firma arbeiten zu dürfen. Manchmal konnte ich das Gespräch am Tisch etwas lenken, es gelang nicht immer. Am zweiten Tag sprach ich am Rande des Trainings in einer Pause mit ihr allein. Sie nahm die Situation durchaus wahr, einiges verdrängte sie aber auch. Sie hatte sich anscheinend ihrem Schicksal gefügt, sie war von ihm abhängig. Dann sprach ich auch mit ihm, etwas Einsicht schien vorhanden. Ob ich ein klein wenig helfen konnte, weiß ich nicht. Ich wünsche es mir. Warum der Mann so war, wie er war, weiß ich auch nicht. Für mich war er ein Arschloch. So wie meine Lehrerin damals.

Von Minus oder Plus

Wir alle erleben immer wieder Situationen, in denen andere Menschen uns runterziehen. Das kann allgemein unsere Stimmung betreffen. Oder es zielt direkt auf unsere Handlungen. Oder, am schlimmsten, es zielt auf uns als Person. Da Menschen soziale Wesen sind, interagieren sie auf verschiedensten Wegen stets mit anderen. Entweder ziehen diese anderen dir Energie ab oder sie geben dir Energie. Sie sind Minus-Menschen oder Plus-Menschen. Deine Energie kann dir ganz allgemein geraubt werden, dann sinkt deine Stimmung. Deine Energie kann dir aber auch bezogen auf dich als Person geraubt werden, dann sinkt – so du es zulässt – dein Selbstwert.

In der Mathematik heißt es:

Minuend – Subtrahend = Differenz

Es gibt in unserem Leben, beginnend in der Kindheit, weiter in der Schulzeit und Ausbildung und danach im Berufsleben immer wieder viele, viele Situationen, in denen andere als Subtrahend auf uns losgehen.

In denen sie das Positive in uns zersägen, so wie hier im Bild von Tiki gezeichnet. Und uns allgemein unsere gute Stimmung rauben oder ganz direkt im Subtrahenden-Frontalangriff unseren Selbstwert minimieren.

Subtrahenden erkennen lernen

Anderen Menschen Stimmung, Energie, Kraft und im schlechtesten Falle sogar das Selbstwertgefühl zu rauben, ist eine der schlechtesten Eigenschaften. Auf den anderen negativ zu wirken, ihn runterzuziehen, wirkt für diese Typen aufbauend und befriedigend. Hier geht es oft um Macht, um das eigene Wachsen auf Kosten anderer, zugleich aber auch um Gleichgültigkeit dem anderen gegenüber.

Subtrahenden nehmen den anderen oft nicht wahr. Ihre Welt dreht sich um die eigene Person, um die eigenen Gedanken, um die eigenen Ziele. Sie hören – manchmal demonstrativ – nicht zu, sie wollen den anderen gar nicht wahrnehmen. Denn das könnte ja bedeuten, dass sie sich mit der Sicht des anderen beschäftigen müssten. Dazu gibt es für sie keinen Grund. Aus solchen Begegnungen, in denen er mit diesem Verhalten andere hat schwächen können, geht der Subtrahend gestärkt hervor. Was er dir abzieht, kommt bei ihm dazu. Auch wenn der Begriff nicht zu hundert Prozent passt: Subtrahenden sind förmlich Parasiten.

Warum handeln diese Menschen so?

Ohne den Anspruch zu haben, das Verhalten von Subtrahenden vollständig zu erklären: Sie verlagern gern eigene Defizite nach außen. Manchmal liegen auch eigene Probleme aus der Vergangenheit ihrem Verhalten zugrunde. So wie sie früher, vielleicht schon in der Kindheit, im Zweifel selbst behandelt wurden, so wie mit ihnen umgegangen wurde, so geben sie es heute weiter. Sie übertragen eventuell erlebtes Verhalten von gestern auf ihr eigenes Verhalten heute. Natürlich lösen sie ihre Probleme damit nicht. Und auch wir können ihre Probleme nicht lösen. Sicher können wir ihnen Grenzen aufzeigen. Wir können immer wieder Nein sagen. Dazu später mehr. Wahrscheinlich suchen sie sich dann aber nur andere Opfer.

Entwickle deinen Minuenden zur deutschen Eiche!

Zweierlei kann uns helfen. Zum einen, dass wir den Angriff abfedern, ablenken, ihm ausweichen oder ihn ignorieren. Dass wir keinen Treffer erlauben. Nicht zuhören, also die Strategie der Subtrahenden übernehmen. Weil dies nicht immer möglich ist, hilft uns zum anderen, dass unser Minuend groß genug ist und es uns egal sein kann, ob ein kleiner wütender, manchmal nicht zurechnungsfähiger Köter an unsere ausgewachsene, starke Eiche pinkelt.

Die Voraussetzung für einen großen Selbstwert-Minuenden besteht darin, zu erkennen, worin die eigenen Stärken, worin die eigenen Qualitäten liegen. Hierin liegt zugleich ein wichtiger Baustein für das Sich-seiner-selbst-bewusst-Sein. Deswegen schauen wir uns deinen Minuenden jetzt etwas näher an.

Die Bedeutung deines Minuenden

Stärke wächst im Geduldgarten.
Deutsches Sprichwort

Dein Minuend ist mächtig

Subtrahierende Angriffe auf unsere Stimmung und Angriffe auf unsere Person, auf unser »Selbst«, fordern das Bewusstsein über unsere eigenen Qualitäten heraus. Sind diese klar, erkennen wir unseren Wert. Angriffen können wir gelassener entgegensehen, sie wirken auch weniger zerstörerisch. Kennen wir unsere Stärken, ist unser Minuend stark und groß. So gelingt es uns auch, Kritik – selbst wenn sie drastisch und vielleicht unangemessen geäußert wird – auf der Sachebene einzuordnen und nicht als Angriff auf unser Sein, auf uns als Person zu verstehen.

Übrigens: Ein starker Minuend ist ebenso bedeutsam für Angriffe, die wir gegen uns selbst richten. Denn wenn der Scharfrichter in uns zeitweise sein Unwesen treibt und uns kleinreden will, dann hat er weniger Ausdauer, wenn wir Klarheit über unsere Stärken haben. Der Nebel verzieht sich bald wieder und unsere Qualitäten stehen klar vor unseren Augen.

Eine Maß Selbstwertgefühl

Die Ausgangsbasis deines Selbstwertgefühls, dein Minuend, wird noch besser vorstellbar, wenn du dir einen Messbecher mit einer angepeilten Füllhöhe vor dein geistiges Auge holst. Oder stell dir – das fällt vielleicht noch leichter – ein Glas Bier vor. Vom Kölsch bis zur Maß ist alles möglich. Erst ab dem Eichstrich ist dein Selbstwertgefühl groß genug, um auf dieser Basis eigenes Vertrauen zu entwickeln, um Neues zu wagen, um mutig Herausforderungen anzugehen. Fehlt dir Selbstwertgefühl, ist also dein Bierglas nur zu einem Drittel oder zur Hälfte gefüllt, brauchst du Anerkennung von außen, brauchst du Bestätigung durch Dritte, brauchst du zu deinem Selbstwertgefühl noch etwas Fremdwertgefühl bezogen auf dich. Subtrahenden, die dir in kleinen oder in großen Schlucken Selbstwert rauben, bewirken genau das Gegenteil.

Sorge dafür, dass weder du selbst noch andere dir zu oft und zu viel Energie rauben.

Ist dein Messbecher bis zum Rand oder bis zum Überlaufen gefüllt, ist dein Selbstwert also im großen Maße vorhanden, kann durchaus auch mal ein Subtrahendenangriff erfolgen, und dennoch wird genügend übrig bleiben. Trotzdem solltest du aufpassen, dass weder du selbst noch andere dir zu oft und zu viel Energie und Selbstwert rauben.

Durch kluges Vorgehen, zum Beispiel durch Engagement und Betätigung in deinen Stärken und Begabungen, kannst du deinen Selbstwert stärken. Engagiere dich in Themenfeldern und Aufgaben, in denen du hervorragend bist, wo du dich stark und prädestiniert fühlst. Das wird zugleich dein Selbstwertgefühl stärken und deinen Messbecher immer wieder füllen.

Ja zu den eigenen Stärken sagen

Vor Kurzem, ich hatte gerade eines meiner Kinder, meinen jüngsten Sohn Johannes, zu einem Freund gebracht, fragte ich ihn, ganz in Gedanken bei diesem Buch: »Woraus ziehst du eigentlich dein Selbstwertgefühl?« Das ist für einen Sechzehnjährigen eine seltsame Frage. Trotzdem gab's ziemlich schnell eine Antwort. Johannes sagte: »Durchs BMX-Fahren. Und durch Fremdsprachen.«

Sage in vollem Bewusstsein und mit Freude Ja zu deinen Stärken!

Beides liegt ihm. Er fährt Fahrrad und veranstaltet da auf Halfpipes Aktionen, bei denen ich mir alle Knochen brechen würde. Sprachen fallen ihm auch sehr leicht. Dagegen könnte ihm übrigens manche Naturwissenschaft gestohlen bleiben.

Im Verlauf des Lebens entwickelt sich das Stärkenbewusstsein weiter. Es gibt nur einen Haken an der Sache, eine wichtige Voraussetzung: Jeder muss seine Stärken selbst erkennen. Sicher können andere dabei helfen. Für deinen Selbstwert ist jedoch entscheidend, dass du in vollem Bewusstsein und mit Freude Ja zu deinen Stärken sagst, sie als wertvoll einschätzt, sie als dich und deinen Wert ausmachend betrachtest.

Hierzu gebe ich ein kleines Beispiel. Ich fragte eine Mitarbeiterin im Innendienst einer Firma vor Kurzem: »Welche Ihrer Stärken würden Sie eigentlich am liebsten in Ihre Arbeit einbringen?« Und es fiel ihr sichtlich schwer, darauf zu antworten. Nein, falsch. Sie konnte darauf gar nicht antworten. Oder wollte sie es nicht? Über eigene Stärken zu sprechen, ist nicht jedermanns Sache, denn schnell wirkt man arrogant. Ist das wirklich so gut, was ich da kann? Ist es überhaupt erwähnenswert? Kann das nicht irgendwie jeder?

Es sind die vielen kleinen Dinge, die dich zu etwas ganz Besonderem machen.

Meine Empfehlung: Lass dich von dir selbst nicht beirren. Werde dir bewusst, was du wirklich gut kannst! Es ist oft nicht das eine Riesentalent; es sind oft viele kleine Bausteine, es sind die vielen kleinen Dinge und Qualitäten, die dich zu etwas ganz Besonderem machen. Wir alle sind schon genetisch bedingt einmalig. Aber die Erfahrungen, die wir im Verlaufe unseres Lebens sammeln können, machen die Einmaligkeit noch grandioser. Nur müssen wir uns dessen bewusst werden. Andere können uns beim Erkennen der Stärken helfen, keine Frage. Aber am Ende sind es allein wir, die mit Stolz »Ja!« sagen müssen, zu unseren Stärken, zu unserer Qualität, zu uns selbst.

Stärken erkennen in der Schulzeit

Häufig wird – besonders im europäischen Vergleich – über das bestmögliche Bildungssystem diskutiert. Wie viel Allgemeinbildung ist gut? Wie viel stärkenbasierte Spezialbildung ist gut? An dieser Stelle muss ich ein Geständnis ablegen. Ich habe Lehramt studiert, Mathematik und Chemie waren meine Fächer. Allerdings habe ich nach meinem Studium nie als Lehrer gearbeitet. Das lag unter anderem an meinen Aufenthalten zwischen den Stunden im Lehrerzimmer, im – Achtung, Fachbegriff – Kollegium. Mancher meiner Kollegen auf Zeit war – warum auch immer – im Verlauf seiner Lehrerkarriere ziemlich seltsam geworden.

Sicher, das galt nicht für alle. Aber all denjenigen, die durch ihren depressiven Gesamteindruck, durch eine oft sehr negative Haltung gegenüber ihren Schülern oder durch ihre sehr eigene Art als Lehrer meine besondere Aufmerksamkeit bekommen haben, bin ich im Nachhinein dankbar. Der Gefahr, später auch so zu werden, wollte ich mich nicht aussetzen. Obwohl ich es nicht verstand. Ich liebte meine Klasse. Und meine Klasse liebte mich, den Referendar. Doch so habe ich mich unmittelbar nach dem Studium beruflich anders entschieden. Das fiel mir nicht leicht, Unsicherheit pur. Was dann? Was kann ich? Was will ich? Wer bin ich? Und vor allem: Wozu habe ich zehn Semester studiert? Ich war mir lediglich bewusst und sicher, was ich nicht will. Aber ich war alles andere als wirklich selbstbewusst.

Bei meiner Entscheidung hat mir der Klub der seltsamen Lehrer sehr geholfen. Nur zur Ehrenrettung dieses Berufsstandes: Es gibt auch viele Lehrer, die mit Riesenelan und Enthusiasmus ihrer Arbeit nachgehen. Einige kenne ich sogar. Und mit einem, er heißt Jens, habe ich während des Studiums mein Wohnheimzimmer geteilt. Er ist für mich heute genau der Typ Lehrer, von dem es viel mehr geben müsste. An meiner Schule waren solche Lehrer ganz klar in der Minderheit.

Wie dem auch sei, in der Schulzeit, im Verlauf des Erwachsenwerdens treten die Stärken jedes Einzelnen zutage. Wenn ich dem Schulsystem heute etwas vorwerfe, dann ist es, dass immer noch viel zu viel Wert auf gleichmäßig verteilte Allgemeinbildung gelegt wird. Nicht dass sie wertlos ist. Ganz sicher ist sie das nicht. Nur muss sich das Schulsystem die Frage stellen, ob es wirklich aufs Leben vorbereitet. Bin ich als junger Mensch danach in der Lage, den Verpflichtungen im Beruf und als Bürger nachzukommen? Habe ich gelernt, wie das mit den Steuern geht? Weiß ich, wie man mit Geld umgeht? Kann ich die Dinge, die man im Haushalt können sollte? Fanden bei all dem Wissen, das vermittelt wurde, die Banalitäten des Alltags noch Platz?

Ist im Pinguinabitur Bergsteigen wirklich eine wichtige Disziplin?

Oder ganz einfach und im Sinne dieses Buchs: Trägt die Schulbildung dazu bei, dass die Schüler herausfinden, wo ihre Stärken liegen, worauf sie stolz sein können?

Nach dem Allgemeinbildungs-Parcour können alle irgendwie alles. Zumindest theoretisch. Bei mir ging das schief. Aber ist im Pinguinabitur das Bergsteigen wirklich eine wichtige Disziplin? Nach meiner bescheidenen Einschätzung wird noch viel zu wenig und auch viel zu spät auf stärkenbasierte Bildung Wert gelegt. Hierzu gibt es sehr konträre Ansichten, dessen bin ich mir bewusst. Sicher spielt bei all dem auch das Elternhaus eine wichtige Rolle. Was bleibt, ist das Resümee: Unser aller Selbstwert basiert auf der Erkenntnis der eigenen, vollkommen unterschiedlichen Stärken, der eigenen Qualitäten, der eigenen Fähigkeiten und Fertigkeiten.

Warum Stärken erkennen so wichtig ist

Wie aber erkennst du deine eigenen Stärken? Es gibt leider kein allgemeingültiges Rezept. Sehr wenige erkennen ihre Stärken durch Zufall, durch glückliche Umstände. Viele erkennen ihre Stärken nie, weil sie sich zu keiner Zeit damit beschäftigen. Weil deine Talente, weil deine Stärken aber für dein Wohlgefühl, für deine Leistung im Beruf, für deine Entwicklung und letztlich auch für deinen Selbstwert sehr, sehr wichtig sind, lohnt sich etwas Arbeit.

Wenn sich Schüler in der Schulzeit mit Themen auseinandersetzen können, die ihren Hobbys und Neigungen entsprechen, werden sie in der Regel mehr Elan mitbringen als sonst. Wenn meine Kinder über BMX-Tricks und deren Schwierigkeitsgrade, über Motocross und das optimale Verhalten beim Start, über limitierte Sneaker und das Marketing drum herum oder über die Viralität verschiedener Social-Media-Plattformen Vorträge halten müssten, würden sie im Vorbereiten und Durchführen sicher ganz anders motiviert sein als bei einem Referat über Strukturformeln und Reaktionsmechanismen in der organischen Chemie. Denn das waren beispielhafte vier Favoriten meiner vier Kinder. Und ohne selbst irgendeine repräsentative Messung vorgenommen zu haben: Wenn im späteren Berufsleben Mitarbeiter einer Firma in ihren Stärken eingesetzt werden, wenn sie ihre Talente entfalten dürfen, hat das ganz sicher sehr positive Auswirkungen auf die Qualität ihrer Arbeit.

Leider ist sowohl in der Schulzeit als auch später im Berufsleben kaum Platz für das Herausfinden und das Entwickeln dieser individuellen Begabungen. Deshalb ist jeder selbst gefragt, sich auf die Suche zu machen. Die eigenen Stärken zu kennen, hilft dir dabei,

- persönliches Glück und eigene Zufriedenheit zu stärken,
- berufliches und ehrenamtliches Engagement sowie persönliche Perspektiven neu zu überdenken,
- notwendige Veränderungen und Weiterentwicklungen im Privat- und Berufsleben zu erkennen.

Und letztlich wirst du auf dem Fundament deiner Stärken und deiner ganz individuellen Qualität dein volles Potenzial ausschöpfen. Dein Wert für die Gemeinschaft und damit auch dein Selbstwert werden sehr viel höher sein.

Mein Freund und Kollege Uwe Schwesig, mit dem ich jedes Jahr mehrfach die Entwicklungstage auf der Insel Rügen durchführe, bezeichnet die Erkenntnis eigener Stärken und Qualitäten oft als »Sockel«, auf dem wir und unser Selbstwertgefühl stehen. Sich dieses Sockels bewusst zu sein, sich seines – in meiner Darstellung – Minuenden bewusst zu sein, ist die Voraussetzung des eigenen Selbstwerts.

Das Geheimnis der Anerkennung

Nur eigne Kraft weiß
fremde Kraft zu würdigen.

Julius Waldemar Grosse

Anerkennung in der Kindheit

Neben der Bedeutung deiner eigenen Stärken, die wir im nächsten Kapitel gleich gemeinsam suchen werden, ist natürlich die Sicht anderer auf deine Qualitäten von großer Bedeutung. Es geht um die Wahrnehmung anderer, es geht um Anerkennung. Sie ist der Dünger unseres Selbstwertes.

Die gerade beschriebenen Zeitgenossen, die Subtrahenden um uns herum, ziehen ab. Sie kosten Energie und Motivation. Sie kosten

Ausstrahlung und Selbstwert. Genauso wie Subtrahenden uns umgeben, gibt es auch Menschen, die all das Benannte bei uns vermehren. Sie machen uns stärker. Sie bringen Kraft und Stimmung. Sie verbessern unseren Selbstwert und unsere Einstellung zu uns selbst. Je besser wir uns selbst beurteilen, je mehr wir »Ja!« zu uns sagen, umso eher nehmen wir Herausforderungen an, gehen im Job erfolgreich unseren Weg, finden Beziehungen, die uns glücklich und zufrieden machen. Wir glauben an uns. Auf diesem Fundament glauben auch andere an uns.

Die Suche nach Anerkennung beginnt in frühester Kindheit. Ich kann mich erinnern, dass ich – kurz nach dem Schwimmenlernen – immer wieder mal aus dem großen Schwimmerbecken heraus, in das ich bis dahin nicht gedurft hatte, nach meinen Eltern gerufen habe. Nicht weil ich gerade unterging. Ausschließlich, weil ich auf der Suche nach dem »Das machst du toll!« war. Meine Kinder haben es später genauso gemacht. Die Eltern haben in dieser Zeit ganz besondere Bedeutung. Sie sind die Ersten, die einem Kind durch ihre Anerkennung deutlich machen können, dass es ein wertvoller, liebenswerter Mensch ist. Das gibt Kraft, das stärkt. Bleibt dies aus, fehlt der respektvolle, wertschätzende Umgang zwischen Eltern und Kind, wird leider oft in dieser Zeit der Grundstein für ein schwaches Selbstwertgefühl gelegt. Aber auch dann kann sich der Selbstwert sehr gut entwickeln. Der Blick nach vorn, die nächsten Schritte zu gehen, lohnt sich immer!

**Achte auf die Menschen um dich herum!
Mehren oder mindern sie deinen Selbstwert?**

Anerkennung von anderen stärkt das Gefühl unseres eigenen Wertes. Jeder Mensch wünscht sich für sich und für das, was er tut, Wertschätzung. Umso wichtiger sind Menschen um uns herum, die es gut mit uns meinen, die ehrlich, anerkennend und wertschätzend sind. Die unseren Selbstwert stärken, statt ihn pausenlos kleinzureden.

Genauso sind Menschen, die uns nicht guttun, infrage zu stellen. Bitte nicht missverstehen: Es geht nicht darum, die uns kritisierenden Menschen vollständig zu meiden. Es geht schon gar nicht darum, um uns herum nur Jasager zu versammeln. Wenn jedoch Menschen über Monate und Jahre hinweg uns klein- und schlechtreden, uns unseren Selbstwert rauben, uns jeden Funken eigene Motivation nehmen, dann kann das kein Zustand von Dauer sein.

Nochmals: Egal wie groß oder aber wie klein dein Selbstwert heute ist, egal wie viel Anerkennung eventuell schon in deiner Kindheit gefehlt hat, egal wie ungünstig deine Konstellation heute ist, du kannst jederzeit beginnen, bewusst an deinem Selbstwert zu arbeiten.

Flucht in den Beruf

Es ist nicht unüblich, den Beruf als maßgebenden Pfeiler der Selbstverwirklichung zu nutzen. Das ist grundsätzlich nicht falsch. Es sollte aber nicht der einzige Pfeiler bleiben. Wer nur auf diesem einen Bereich des Lebens seinen Selbstwert entwickelt, läuft Gefahr, abzustürzen. Und zwar genau dann, wenn es beruflich nicht mehr läuft. Oder wenn die berufliche Laufbahn ganz normal zu Ende geht.

Errichte nicht nur eine tragende Säule für deinen Selbstwert!

Den eigenen Status und damit auch die eigene Anerkennung allein auf dieser Säule aufzubauen, bedeutet, im Fall des Falles jede gesellschaftliche Position zu verlieren, die sich genau und nur darauf bezog. Wer allein den beruflichen Erfolg als Maßstab für die eigene Selbstverwirklichung betrachtet, für den wird die berufliche Krise schnell zur ausgewachsenen Selbstwertkrise. Errichte also mehr als nur eine tragende Säule für deinen Selbstwert!

Das gilt heute mehr noch als vor ein paar Jahrzehnten. Wir leben in einer schnellen Zeit, in der morgen alles anders sein kann. In Beratungen und Coachings sitze ich immer wieder Menschen gegenüber, die aufgrund von Umstrukturierungen aus eigener Sicht alles verloren haben. Da gab es keine weitere Säule. Oft gab es auch – neben der Familie – fast kein weiteres soziales Umfeld. Der Beruf forderte ganztags, über die normale Arbeitszeit hinaus. Da war kein Raum für mehr. Anders als noch vor wenigen Jahren sind Umstrukturierungen am Arbeitsplatz nicht mehr die Ausnahme, sondern eher die Regel. Schnell kommt dann nicht nur das eigene berufliche Gefüge, sondern der gesamte Selbstwert durcheinander.

Anerkennung im Beruf und darüber hinaus

Unabhängig davon, dass der Beruf nicht die einzige Säule der Anerkennung sein sollte, wird positive Wertschätzung in der Zusammenarbeit mit Mitarbeitern ein immer bedeutsamerer Faktor. Menschen wünschen sich dieses Feedback, verbunden mit Achtung und Respekt.

Dienst nach Vorschrift ist oft das Resultat fehlender Anerkennung und Wertschätzung.

Menschen möchten geliebt, sie möchten wertgeschätzt werden. Besonders wichtig ist uns Wertschätzung von denjenigen, die wir ebenfalls wertschätzen, die wir anerkennen. Bleibt diese aus, kommt häufig ein Schutzmechanismus ins Rollen. Wir werten denjenigen, der uns nicht anerkennt, ebenfalls ab und schützen durch diese Verteidigungsstrategie unseren Selbstwert. Demotivation ist die Folge, innere Kündigung die Konsequenz daraus. Das eigene Engagement sinkt auf einen sehr niedrigen Wert, maximal Dienst nach Vorschrift ist die Devise.

Neben dem Beruf gibt es eine Vielzahl anderer Felder, in denen es sich zu engagieren lohnt. Aus meiner Sicht ist zu empfehlen, das eigene Engagement auf mehrere Lebensbereiche zu verteilen. Die Gewichtung kann sich im Leben auch immer wieder mal ändern. Für mich persönlich steht zusammen mit dem Beruf die Familie ganz vorn. Zeit für die Partnerschaft sowie Zeit mit und für die Kinder sind mir am wichtigsten.

Noch vor einigen Jahren hat bei mir der Beruf zu viel Aufmerksamkeit gefressen. Auch heute ist das Verhältnis bei mir noch nicht optimal, aber schon sehr viel ausgewogener. Sinnvoll ist, sich immer wieder mal selbst zu prüfen, ob eine Schieflage vorliegt. Zeit für Freunde kommt bei mir leider immer noch zu kurz. Auch ehrenamtliches Engagement ist sehr wertvoll, zugleich gibt es dem eigenen Tun auch noch einen weiteren Sinn. Hier stecke ich seit vier oder fünf Jahren etwas mehr meiner Zeit rein.

Die wichtigste Form der Anerkennung

Je nach persönlicher Situation sind die Gegebenheiten natürlich sehr verschieden. Dem einen fehlt gerade ein befriedigender Arbeitsplatz oder die berufliche Perspektive. Beim anderen liegt die Partnerschaft im Argen. Der Nächste steckt in einer grundsätzlichen Sinnkrise, weil viele Bereiche gerade nicht glücklich stimmen. Oder auch ganz etwas anderes. Fehlende Anerkennung von außen ist oft ein Katalysator und eine Begleiterscheinung dieser Krisen.

Das allerwichtigste Urteil ist das, welches wir selbst über uns fällen.

Gerade in solchen stürmischen Phasen ist die wichtigste Anerkennung die, die wir uns selbst geben. Je mehr wir uns selbst anerkennen, desto weniger brauchen wir die Anerkennung anderer.

Die allerwichtigste Beurteilung ist die, die wir uns selbst geben. Dadurch können wir unseren Minuenden immer wieder stärken, können wir unseren Messbecher des Selbstwertes immer wieder füllen. Deshalb gehen wir jetzt gemeinsam auf die Suche nach deinen ganz persönlichen Stärken, vielleicht sogar nach vor dir selbst noch verborgenen Talenten.

Eigene Stärken und Talente finden

Wie oft höchste Begabung im Verborgenen liegt!
Titus Maccius Plautus

Warum wir selten über Stärken sprechen

Die meisten Menschen reden nicht gern über die eigenen Stärken. Höchstens im Bewerbungsprozess machen sie davon eine Ausnahme. Das stellt sie dann umso mehr vor die Frage: Was genau kann ich Besonderes? Worin bin ich besonders gut? Was macht mich besonders aus?

All das mag simpel klingen, man müsste es doch wissen. Es ist aber nicht simpel. Und auch wenn dir jetzt gerade nicht viel zu deinen eigenen Stärken einfällt: Jeder, auch du, hat einige, vielleicht sogar sehr viele Talente. Nur warum sprechen die meisten so ungern darüber? Bis auf die sehr Extrovertierten, die gar nicht oft genug von sich, von ihren Stärken, von ihrer Genialität reden können, ist es vielen Menschen einfach nicht angenehm, sich selbst zu preisen. Häufig ist diese Zurückhaltung eine Folge der Erziehung. »Gib nicht so an!«, haben wir vielleicht manchmal zu hören bekommen.

Andererseits war und ist auch unser Umfeld maßgebend an unserer Selbsterkenntnis beteiligt. Wer zu oft gehört hat, dass er eigentlich nichts kann, bei wem die im letzten Kapitel beschriebene Anerkennung seit jeher ein Fremdwort war, dem fällt es schwer, eigene Qualitäten in den Vordergrund zu stellen. Letztlich glaubt er ja selbst nicht so richtig daran.

Die meisten Menschen stellen sich ungern auf einen Tisch, um über ihre Stärken zu berichten.

Ein weiterer Grund kann schlichtweg Bescheidenheit sein. Viele stellen sich einfach ungern in den Mittelpunkt, stellen sich ungern förmlich auf einen Tisch, um über sich zu berichten. Sie bleiben lieber im sicheren Hintergrund, beobachten, werten. Oder aber – und das kommt nach meinen Erfahrungen am häufigsten vor – Menschen fühlen sich schlichtweg unsicher. Und schweigen deswegen.

Der Blick auf sich selbst

Der wahrscheinlich beste Weg, eigene Stärken zu erkennen, ist ein wenig Selbstreflexion. Auch wenn dieses Selbstanalysieren schwer ist, scheint es mir vielen, oft sehr verkopften Analysewegen überlegen zu sein.

- **Deine Hobbys**

  Was macht dir besonders Freude? Woran hast du wirklich großen Spaß? Was machst du in der Freizeit? Vielleicht beschäftigst du dich mit Geschichte, mit dem alten Rom? Vielleicht bist du leidenschaftlicher Fußballfan? Vielleicht spielst du ein Instrument?

- **Deine ehemaligen Hobbys**

  Warum auch immer – bei vielen, auch bei mir, schlafen Hobbys manchmal ein. Früher habe ich gern, wenn auch leider weniger gut Klavier gespielt. Irgendwann wurden die Prioritäten andere, zeitweise fehlte sogar der Platz für dieses etwas groß geratene Instrument. Was hast du früher, vielleicht als Kind, besonders gern gemacht? Welchen Hobbys bist du damals allein oder mit Freunden nachgegangen?

- **Deine Begabungen**

  Was machst du grundsätzlich sehr gern? Was fällt dir besonders leicht? Auch hier lohnt sich zurückzudenken. Was hast du früher sehr gern gemacht, fiel dir sehr leicht? Wofür brauchten andere länger, während es für dich aber ein Kinderspiel war (und sicher ist)?

- **Deine Expertenrolle**

  Das klingt seltsam, ich weiß. Ich meine hier die Gebiete, in denen du um Hilfe gebeten wirst. Die Themen, mit denen andere zu dir kommen und deine Meinung oder deine Unterstützung erbitten. Hier solltest du nicht die eigene »Ist nicht wichtig«-Zensur vornehmen. Egal, welches scheinbar unbedeutende Thema es auch sein sollte, schreib es bitte auf! Was bringst du anderen bei? Wo hilfst du weiter? In welchen Situationen verlassen sich andere auf dich?

Solltest du mit diesen vier Themenblöcken gar nicht klarkommen, suche einen dir gewogenen Menschen, der dir dabei hilft. Übrigens, dieses Feedback Dritter ist zum einen Hilfe, zum anderen fördert es auch deinen Selbstwert. Und du kannst deine eigene Sicht einmal mit der Sicht eines Außenstehenden abgleichen.

... und noch ein paar Wege, eigene Stärken zu finden

Wer im beruflichen Kontext seine Stärken sucht, greift oft auf Coachings und / oder auf verschiedene Persönlichkeitsanalysen zurück. Hierauf gehe ich nicht näher ein, es gibt eine Menge Literatur dazu. Daneben gibt es auch noch andere Wege, seinen Stärken auf die Spur zu kommen.

Erkunde deine verborgenen Stärken!

Um sich in einzelnen Themen zu versuchen, um sich an andere Gebiete einmal heranzutasten, wird im Arbeitsmarkt das Probearbeiten immer üblicher. Studenten oder Absolventen gehen diesen Weg immer häufiger, bevor sie sich das erste Mal richtig binden. Auch zeitlich begrenzte Trainee-Programme verfolgen einen ähnlichen Ansatz.

Ebenfalls immer häufiger kommt für die nachwachsende Generation eine freiberufliche Tätigkeit als Option infrage, mitunter laufen zeitweise zwei oder mehr Bereiche anfangs parallel. Auch Vollzeitbeschäftigte können die Genehmigung für einen Nebenberuf bei ihrem Arbeitgeber erfragen. Genauso ist ehrenamtliches Engagement immer eine Möglichkeit, sich neu auszuprobieren und die eigenen Stärken auszuloten.

Und nicht zuletzt: Für einige Menschen ist auch eine Auszeit, ein Sabbatical, denkbar, um sich persönlich ganz neu zu ordnen.

Schwächen, das Sympathischste der Welt

Eine gute Schwäche ist besser als eine schlechte Stärke.
Charles Aznavour

Schwächen sind Schwächen

Genauso wie ich dir empfehle, deine Stärken herauszufinden, empfehle ich dir auch, deine Schwächen kennenzulernen. Erfolgstrainer & Co. verbieten es oftmals geradezu, Schwächen auch Schwächen zu nennen. Sie empfehlen stattdessen zum Beispiel die Begriffe »Entwicklungspotenziale«, »Wachstumsfelder« und ähnliche kreative motivierende Wortschöpfungen. Ich finde bei aller verbalen Zurückhaltung: Das ist großer Schwachsinn!

Aber gehen wir langsam an das Thema heran. Und beginnen wir auch hier – das ist am einfachsten – bei Bewerbern. Sie werden in Onlinefragebögen und Bewerbungsgesprächen regelmäßig nach ihren Schwächen gefragt. Das ist gar nicht so einfach zu beantworten. Schließlich will der Bewerber den Job. Häufig werden dann Scheinschwächen gefunden. Perfektionismus wird oft genannt. Ungeduld ist auch weit vorn. Klingt alles nach Schwäche, scheint zugleich aber auch eine Stärke zu sein. Denn kann es falsch sein, Dinge sehr genau anzugehen? Kann es falsch sein, ein wahrer Umsetzer zu sein, ein Machertyp vor dem Herrn?

Besonders unsere kleinen Schwächen machen uns sympathisch.

Die wenigsten Personaler kannst du damit vom Hocker reißen. Denn jeder Mensch hat Schwächen. Alles andere ist unecht und zudem wenig authentisch. Kein Mensch ist eine perfekt programmierte Maschine, die alles kann und niemals strauchelt. Und Menschen, die trotzdem so auftreten, sind in aller Regel wenig sympathisch.

Einmalig durch kleine Schwachpunkte

Kleine Macken machen uns sogar einzigartig. Erst ein paar Flecken auf der sonst weißen Weste sorgen sowohl für Attraktivität als auch für höheren Wiedererkennungswert. So kann sowohl eine Lücke zwischen den Schneidezähnen (Madonna), ein nicht zu übersehender Leberfleck (Cindy Crawford) oder ein unüblich großer Mund (Julia Roberts) die Attraktivität noch erhöhen. Genauso gehören die Segelohren zu Moritz Bleibtreu oder auch Will Smith oder ein abenteuerliches Gebiss zu Jürgen Vogel einfach dazu. Zum normalen Schönheitsideal ganz sicher nicht.

Unsere kleinen Macken machen uns einmalig.

Mancher erinnert sich auch an Rudi Carrell, dessen Holland-Deutsch vielleicht nicht immer von jedem vollständig verstanden wurde. Aber es verlieh ihm Einmaligkeit. Kleine Grammatikfehler waren bei ihm normal. Und er und sein Deutsch waren den meisten Menschen sehr sympathisch.

In der Werbung macht es Dove seit einigen Jahren ziemlich gut. Statt perfektes Aussehen und makellose Schönheit zu präsentieren, sind es ganz normale Frauen, die gezeigt werden. Für mich, aus der Sicht eines Mannes, beginnt hier erst wahre Schönheit. Generell ist im Werbegenre alles anders als noch vor einigen Jahren. Früher waren die kleinen Filmchen auf jeden Fall zu hundert Prozent auf perfekt getrimmt. Heute wackelt die Kamera, als hätte der Kameramann noch zu viel Restalkohol im Blut. Auch die Filmschnitte sind nicht perfekt. Mal eben im Vorbeigehen aufgenommen, so soll es wirken.

Auf einer meiner Großveranstaltungen als Redner, es war in Essen, half ich meinem lieben Freund und Kollegen Karsten Brocke aus. Er war kurz nach mir an der Reihe. Irgendwie lief sein Notebook nicht. Ich hatte zwei dabei, warum auch immer, ich weiß es nicht. Auf jeden Fall lieh ich ihm eines. Groß Technik testen ging nicht mehr. Sein Vortrag begann. Und es dauerte nicht lange – mein Notebook schmierte ab. Irgendwie wollten seine Präsentation und mein Rechner vor knapp 1500 Menschen zusammen nicht funktionieren. Er musste immer wieder seinen Vortrag unterbrechen. Und machte das in einer genialen Art und Weise. Seine Rede und die Dramaturgie waren nicht mehr perfekt. Aber es war der mit Abstand beste Vortrag des Tages, wie die Standing Ovations am Ende bewiesen.

Die kleinen Mängel annehmen

Wer seine Schwächen annimmt, bei wem sie dazugehören dürfen, wer vielleicht sogar etwas mit ihnen spielt, der wird durch sie noch stärker. Wird echter, wird authentischer. Wer nicht immer und überall versucht, perfekt zu sein, wird nahbarer, wird menschlicher. Ich bin mir bewusst, dass dies zunächst alles etwas theoretisch klingt. Denn manchmal ist man noch nicht ganz so weit. Doch sobald du dir über diesen Zusammenhang klar wirst, beginnst du, deine kleinen Mängel anzunehmen, auch wenn du die Stärken-Schwächen-Balance noch nicht 1 : 1 und perfekt umsetzen kannst.

Wer seine Schwächen annimmt, wird durch sie noch stärker.

Die kleinen Schwachpunkte machen uns nicht minderwertig, wir sind durch sie nicht ungenügend. Vielmehr machen sie uns aus. Wir sind ein großes Geflecht aus Stärken und Schwächen. Aus dem einen, was wir können, und dem anderen, was wir nicht können. Ich kenne einen Vorstandsvorsitzenden eines großen deutschen Versicherungsunternehmens, der am Abend – sein Sekretariat war schon leer – nach einer Tagung unbedingt noch ein Fax versenden musste. Vor Anstrengung schweißnass bediente er das Gerät. Auch für mich war dieses schrankgroße Technikungetüm ein Monsterfax. Gefühlt wirklich kühlschrankgroß. Wir schrieben das Jahr 2015. Ich glaube, er hat das Teil aus den späten Neunzigerjahren wirklich zum ersten Mal in seinem Leben bedient. Wozu hat man denn eine Chefsekretärin? Irgendwann ging sein Fax dann durch. Am nächsten Tag erfuhr ich: Auf der Empfängerseite war das Fax leer. Er hatte die Vorlage falsch herum eingelegt. Wir alle sind immer in einigen Dingen anderen unterlegen. Wir alle!

Die Zeit, in der wir unsere Schwächen vertuschen, fehlt uns für die Konzentration auf unsere Stärken.

Viele Menschen beschäftigen sich übrigens gern und genüsslich mit den Schwächen anderer. Denn in dieser Zeit müssen sie sich nicht mit ihren eigenen Schwächen befassen. Zum Thema »Vergleichen« im nächsten Kapitel mehr. Zeitgleich versuchen diese Menschen dann, die eigenen Schwächen zu verdecken, sie unsichtbar zu machen. Die Zeit aber, die wir in das Vertuschen diverser Unzulänglichkeiten stecken, fehlt uns in der Entwicklung und Kommunikation unserer Stärken.

Nur zur Sicherheit, um nicht missverstanden zu werden: Es geht nicht darum, dass du deine Schwächen als unveränderbar an- und hinnimmst. Das mag auf einige, die du nicht ändern kannst oder willst, zutreffen. Doch an anderen kannst du sicher auch arbeiten. Das gelingt am besten, indem du sie erst einmal akzeptierst, indem du offen mit ihnen umgehst. Dann werden oft zugleich auch deine Bedenken, deine Ängste abnehmen, sie könnten von anderen erkannt, quasi aufgedeckt werden. Es wird dich weniger oder gar nicht mehr kümmern, wenn andere deine Schwächen ablehnen sollten. Du wirst echter. Du wirst du.

Schwächen anzunehmen, zu ihnen zu stehen, ist eine der wichtigsten Stärken. Es zeigt wahre Größe. Kein Mensch, ganz egal wie erfolgreich, grenzgenial und grandios er auch sein mag, hat ausschließlich Stärken. Sich selbst annehmen geht nicht über Nacht, aber es kann sich entwickeln. Du kannst es entwickeln. Indem du dir darüber klar wirst.

Das Unglück liegt im Vergleich

Das Vergleichen ist das Ende des Glücks
und der Anfang der Unzufriedenheit.
Søren Aabye Kierkegaard

Wenn der eigene Wert vom Vergleich abhängt

Vergleichen ist nichts Schlechtes. Vergleichen schafft Orientierung. Vergleichen schafft Ordnung. Oft schafft Vergleichen aber auch Unglück. Nämlich genau dann, wenn du dich beim Vergleichen zu weit hinten einordnest. Wenn andere mehr haben, attraktiver und intelligenter sind, wenn sie alles besser können. Dann nagt das Ergebnis des Vergleichens an uns. Es setzt uns zurück. Es setzt unseren Wert zu niedrig an. Es setzt unseren Selbstwert zu niedrig an. Übrigens, auch wenn im Bild oben die Geldsäcke mit zehn oder mit zwölf Millionen rumliegen, das ständige Vergleichen findet natürlich überall, nicht nur in der Millionärsliga statt.

Mach deinen eigenen Wert nicht vom Vergleich mit anderen abhängig.

Menschen vergleichen sich seit jeher mit anderen Menschen. Vergleichen kann motivieren. Vergleichen kann demotivieren. Und zwar dann, wenn wir unseren eigenen gefühlten Wert als Mensch von einem Vergleich abhängig machen.

Vanessa und Max haben es gut

»Vanessa hat wirklich eine Topfigur. Und sie ist total schlagfertig.« So könnte ein Gedanke, eine Aussage sein. So weit, so gut. Problematisch wird es erst, wenn ich in meinen Gedanken oder an meine Aussage noch dranhänge: *»Und ich bin hoch mal breit und eigne mich rhetorisch nicht mal für Stummfilme.«* Aus dem wertschätzenden Anfang wird ein selbstzerstörerisches Ende. Denn die Schlussfolgerung *»Ich reiche nicht aus, so wie ich bin«* folgt auf dem Fuße.

Der Vergleich tut weh, der Vergleich macht nieder. Wobei es nie die Feststellung über den anderen ist, die schmerzlich ist. Es ist das, was ich daraus mache. Erst das tut weh. Vanessa ist mehr wert, ich weniger.

»Max verdient über 1000 Euro mehr. Und das für die gleiche Arbeit.« Hier fühle ich mich so richtig ungerecht zurückgesetzt. Max ist mehr wert als ich. Ich sehe die Vergütung im wahrsten Sinne des Wortes als *Wert*schätzung. *»Ich bin hier echt der Loser.«* Und werde unglücklich, neidisch, missgünstig.

Mit Vergleichen dieser Art entfernen wir uns von uns selbst. Wir nehmen den anderen als Vergleichswert und ordnen uns ein. Wir ordnen uns dahinter – oder noch treffender: darunter – ein. Und leiden. Manche werden mit all den Vergleichsgedanken auch ungerecht, werden allem und jedem gegenüber negativ eingestellt.

Sie werden selbst zum Subtrahenden. Sie fühlen sich ungerecht behandelt und behandeln andere ungerecht.

Im Verlauf des Buches werden wir uns gemeinsam noch dem Thema Selbstliebe widmen. Denn sich nicht zu mögen, sich nicht zu lieben, ist oft die Ursache des Vergleichens. Wenn mein Selbstwert nicht aus meiner Liebe zu mir entsteht, versuche ich immer wieder im Vergleich zu anderen meinen Wert zu finden. Je nach Vergleichsdisziplin ist die oder der andere dann schlauer, schöner, schlanker, dünner, muskulöser. Oder was auch immer.

Andere ab- und sich selbst aufwerten?

Menschen, die sich über Vergleiche aufwerten, neigen oft dazu, andere abzuwerten. Dann fühlen sie sich einfach besser. Sie treten nach unten, um sich selbst etwas nach oben abzustoßen. Das ist keine schöne Sache. Und es gelingt stets nur für sehr kurze Zeit. Unser Selbstwertgefühl geht nach oben, leider auf Kosten anderer.

Ich kenne namhafte Trainerkollegen, die sich aus ihren Seminargruppen stets jemanden herauspicken, den sie über einen gesamten Workshop hinweg als Lachnummer, als schlechtes Beispiel missbrauchen. Das ist fast so wie früher in der Schulzeit. Einer muss eben dran glauben. Eine oberfiese Nummer, finde ich. Und ein Armutszeugnis zugleich. Der Trainer wächst daran, zeitweise. Aber eigentlich ist er derjenige, dessen Selbstwertgefühl etwas Aufwind bräuchte.

Andere aufwerten … und sich selbst auch!

Viel angenehmer sind Menschen, die genau so nicht sind. Die es nicht nötig haben, andere abzuwerten. Die – ganz im Gegenteil – Stärken anderer anerkennen. Die wertschätzend, frei von Neid und ehrlich ihrem Umfeld gegenüber »Das kannst du wirklich gut!« sagen können.

Das fällt ihnen leicht, weil sie genauso sicher wissen, was sie selbst richtig gut können. Und darauf stolz sind. Weil sie das, was sie können, wichtig finden, weil sie sich selbst wichtig finden. Weil sie ihre Stärken kennen und mögen. Und weil sie ihre Schwächen kennen und angenommen haben. Als einen liebenswerten Teil von sich.

Wie Vergleichen zur Motivation wird

Die beste Form, sich mit anderen zu vergleichen, ist eine entspannte, sehr gesunde Variante. Ich erkenne am anderen etwas, was mir gefällt, was sie oder er kann und was ich auch gern bei mir sehen würde.

Besser Freude an Entwicklungschancen als Frust über eigene Unzulänglichkeit

Statt nun in die Negativspirale »Ich bin nicht genug« zu geraten, sehe ich es positiv. Und ziehe aus dem Vergleich Motivation für meine Entwicklung. Und zwar nicht, weil ich heute ungenügend wäre, sondern vielmehr, weil ich Freude daran habe, weiter an mir zu arbeiten. Ich übernehme Verantwortung für mich und für meine Entwicklung, idealerweise in kleinen Schritten. Ich habe Vertrauen in mich, dass es gelingen wird. Denn die oder der andere ist gut. Und auch ich bin gut.

Liebe Leserin, lieber Leser, du bist gut! So wie du bist!

Warum »Nein« ein Selbstwert-Wort ist

Die Fähigkeit, das Wort Nein auszusprechen, ist der erste Schritt zur Freiheit.

Nicolas Chamfort

Weshalb ist »Nein« so ein schweres Wort?

Bereits als Kleinkind kamen wir mit »Nein« in Kontakt. Egal ob Herdplatte, Balkonbrüstung oder Messer und Co., die Gründe für ein Nein waren vielfältig. Nein hieß »Achtung!«, Nein war irgendwie böse. Später, als wir unsere erste Ich-lehne-mich-auf-Trotzphase hatten, haben wir es selbst ausgetestet. Das Ergebnis war Enttäuschung, Ablehnung, Ärger. Irgendwann haben die meisten von uns diesen Test wieder beendet.

Hängen geblieben ist der ablehnende, negative Touch dieses kleinen Wortes. Von vielen wurde bis ins Erwachsenenalter mitgenommen: Nein sagen bringt Stress, verursacht Ablehnung, enttäuscht andere. Und so sagen Menschen immer wieder und viel zu oft »Ja«, obwohl sie viel lieber »Nein« sagen würden.

Gründe für Ja statt Nein

Es kann im Beruf um Unterstützung bei einer Präsentation gehen, es kann sich privat um die Hilfe beim Umzug handeln. Es kann eine Bitte um Geld sein. Oder etwas ganz anderes. Manchmal fällt ein Nein leichter, manchmal schwerer. So verschieden die Anlässe sind, Ja oder Nein zu sagen, so verschieden sind auch die Beweggründe.

Ein paar Gründe gegen das Nein ähneln sich sehr:

- Du wirst als Egoist angesehen, der du nicht bist.
- Du erntest Ablehnung, die du nicht willst.
- Du bekommst später auch selbst mal keine Hilfe.
- Du bewirkst, dass der andere von dir enttäuscht ist.
- Du kannst nicht absehen, welche weiteren negativen Folgen dein Nein hat.

Natürlich kommt es beim Neinsagen auf den Fragenden an. Ist uns jemand sympathisch, fällt es zum Beispiel sehr schwer. Und sind wir gar von jemandem abhängig, ist es vielleicht noch schwerer.

Und noch ein paar Gründe für Ja statt Nein

Aus dem Thema Selbstwert resultieren noch ein paar Gründe gegen das Nein. Sie gehen im Wesentlichen in die gleiche Richtung. Je nachdem, wie leicht oder wie schwer dir selbst manchmal das

Neinsagen fällt, trifft vielleicht einiges zu, anderes eventuell nicht. Entscheide selbst!

- Du kannst den anderen dafür verantwortlich machen, dass du dich nicht so entwickeln konntest, wie es denkbar gewesen wäre.
- Du brauchst somit gefühlt selbst keine Verantwortung zu übernehmen.
- Du gehst Streit, Stress und Ärger aus dem Weg.
- Du erntest Sympathie, Zustimmung und Wohlwollen, das tut deinem Selbstwertgefühl gut.
- Du zeigst, dass man sich auf dich verlassen kann.
- Du musst dir nichts vorwerfen, hast stets selbstlos geholfen.
- Du brauchst dich nie schuldig zu fühlen.

Immer Ja zu sagen, ist angelernt.
Auch Nein zu sagen, ist erlernbar.

Übrigens, nicht Nein sagen zu können, ist fast immer angelernt. Es beginnt im Kindesalter, wo wir erstmals die negativen Folgen spüren. Vielleicht haben es uns später andere vorgelebt. Das Schöne ist: Genauso wie wir das Jasagen gelernt haben, können wir auch das Neinsagen lernen.

Neinsagen lernen

Wie immer gilt auch hier: Nicht alles passt auf jeden. Teste am besten aus, was für dich wie funktioniert, womit du dich wohlfühlst.

Du hast immer eine Alternative!

Wenn jemand ein Anliegen hat, dich um etwas bittet: Du hast immer die Wahl zwischen den beiden Möglichkeiten. Es gibt keinen Algorithmus, der die Antwort zuweist, allein du triffst die Entscheidung! Es ist wichtig, sich dessen bewusst zu sein. Und wenn du nicht schnell entscheiden kannst oder noch überlegen willst, dann …

… verschiebe deine Antwort!

Am häufigsten entsteht ein vorschnelles Ja, wenn es keine Zeit zum Überlegen gab. Wenn der andere dich mit seiner selbstsicheren Ansprache und Fragetechnik förmlich überrumpelt hat. Deine Ja-Reue lässt in solchen Fällen nicht lange auf sich warten.

»Ich bin mir nicht sicher, ob es klappt. Lass mich bitte überlegen. Bis wann brauchst du Bescheid?«, so könnte deine Reaktion sein. Oder einfach: *»Ich sag dir morgen Bescheid, ist das o. k.?«* Übrigens: Wenn der Fragende auf eine sofortige Antwort besteht, sollte sie sicherheitshalber Nein heißen. *»O. k., dann muss ich dir erst mal absagen.«*

Kenne deine Prioritäten und entschuldige dich nicht dafür!

Durch etwas Zeit bis zum Ja oder Nein vermeidest du zum einen das vorschnelle Ja, zum anderen kannst du dir selbst über deine Prioritäten nochmals etwas besser klar werden. Was bedeutet ein Ja für dich? Ergeben sich Verschiebungen deiner Aufgaben? Wird ein anderes deiner Vorhaben völlig unmöglich werden, wenn du der Bitte nachkommst?

Wenn dem so ist, dann brauchst du dich dafür nicht lang, breit und begründend zu entschuldigen. Ein bedauerndes »leider« reicht aus. Je mehr Entschuldigungen und Begründungen du vorbringst, umso mehr Diskussionen können entstehen. Und am Ende wirst du doch zu einem Ja überredet.

Denke doch noch über eine dritte Option nach!

Doch es gibt nicht nur die beiden Antworten Ja und Nein. Es gibt auch einen Mittelweg, es gibt ein Teil-Nein (oder Teil-Ja, je nachdem, wie du es sehen magst). Manchmal fällt diese Alternative anfangs, also beim Nein-sagen-Üben, leichter. Fragt dich zum Beispiel jemand, ob du am Samstag auf seinen kleinen Hund aufpassen kannst, gibt es immer noch die Option zeitlicher Begrenzung. Hier lehnst du nicht völlig ab, bietest zum Beispiel die Option: *»Ab 15 Uhr übernehme ich ihn gern.«*

Wenn der Fragende sich nicht darauf einlassen will, kannst du immer noch auf ein hundertprozentiges Nein zurückgreifen.

Mach einen Alternativvorschlag!

Wenn du nicht komplett ablehnen möchtest, kommt – sofort oder nach deiner Bedenkzeit – auch ein alternatives Angebot infrage. Wenn dir Samstag nicht möglich ist, biete Sonntag an: *»Samstag klappt es leider nicht, Sonntag wäre möglich.«*

Vielleicht möchtest du auch einen Teil der Aufgabe nicht übernehmen, ein anderer Teil käme jedoch infrage. Dann schlage das vor. *»Die Präsentation erstellen, das schaffe ich nicht. Ich kann sie aber gern Korrektur lesen.«*

Sei wachsam bei Lob!

Mancher Delegationskünstler überschüttet dich erst einmal mit Lob, bevor er mit seiner Anfrage hinterm Berg hervorkommt. *»Du bist doch bei uns die unangefochtene PowerPoint-Königin …«*

Auch wenn Lob schmeichelt und schmeckt, die Intention ist offensichtlich. Je mehr du selbst weißt, was du kannst und wert bist, umso immuner wirst du dagegen.

Du bist kein Egoist, wenn du Nein sagst!

Erlange mehr und mehr die Erkenntnis, dass du kein Egoist bist, wenn du Nein sagst. Und wenn du dies doch so sehen möchtest, dann ist der dich Fragende mindestens im gleichen Maße egoistisch.

Es gibt immer Gründe für ein Ja und es gibt immer auch Gründe für ein Nein. Wenn der andere dir nur dann Zuneigung schenkt, wenn du Ja sagst, ist diese Zuneigung fragwürdig. Du könntest auch gut auf sie verzichten, denn sie ist an Bedingungen geknüpft.

Werde dir klar darüber, was genau *du* willst, und dann entscheide. Lerne, ein dir selbst bewusstes Nein zu setzen, wenn dir – vielleicht auch nach etwas Zeit zum Überlegen – nach einem Nein ist. Genauso wie es die Megaselbstbewussten auch tun. Deren kleine Selbstwert-Booster stelle ich dir jetzt vor.

Die 7 Selbstwert-Booster der besonders Selbstbewussten

Wenn wir an unsere Stärken glauben,
werden wir täglich stärker.
Mahatma Gandhi

In bester Gesellschaft …

Der Untertitel meines Buchs lautet »Warum es andere haben und wie auch du es bekommst«. Die Teile »Selbstwert«, »Selbstvertrauen« und »Selbstliebe« beschreiben in mehreren Kapiteln, welche Themen für die sehr selbstbewussten Zeitgenossen bewusst oder auch unbewusst den Unterschied ausmachen. Zum Abschluss dieser drei Teile möchte ich zusätzlich das jeweilige Thema nochmals zusammenfassend auf die auffällig selbstbewussten Menschen übertragen. Was machen die besonders selbstbewussten Zeitgenossen also im Hinblick auf den Selbstwert anders als jene, die noch nicht so selbstbewusst durchs Leben gehen? Welche sieben kleinen Raketen zünden sie – wie links im Bild – in ihrer Praxis, um ordentlich Vorschub zu bekommen?

Meine Erfahrungen beziehe ich aus – ich habe sie leider nicht gezählt – sehr, sehr vielen Trainings und Beratungen, aus Einzelgesprächen und Coachings, die ich seit 1992 durchgeführt habe. Die Zahl ist deutlich vierstellig. Hier begegneten mir in den letzten Jahren sehr viele Leute, sehr junge und auch nicht mehr ganz so junge, ganz normale Menschen, die versuchen, ihren Weg zu gehen. Dabei waren Lehrlinge, Studenten und Angestellte, dabei waren Selbstständige. Dabei waren auch viele Unternehmensinhaber und Führungskräfte, Vorstände und leitende Mitarbeiter, sowohl von Großkonzernen als auch von Mittelstandsfirmen. In den letzten Jahren kamen zudem immer mehr Freiberufler dazu, die sehr erfolgreich ihren Weg gehen.

In dieser wirklich breiten Mischung waren sowohl selbstbewusste als auch weniger selbstbewusste Menschen vertreten. Es waren Menschen dabei, die – wie bereits beschrieben – auf einem breiten Sockel ihres eigenen Selbstwertes standen. Andere bezogen ihren Selbstwert lediglich aus ihrer beruflichen Position und Macht. Äußerst viele bekannten – quer durch diesen ganzen Mix – aber auch ganz offen, eher wenig Selbstwertgefühl zu besitzen. Wenn du heute mit deinem Selbstbewusstsein noch unzufrieden bist: Du befindest dich sozusagen in bester Gesellschaft.

Die sehr selbstbewussten Menschen, die mir in den letzten Jahren begegneten, sind bezogen auf ihren Selbstwert nur in wenigen Dingen etwas anders als andere. Die folgenden sieben Aspekte sind mir dabei besonders aufgefallen.

Äußerst selbstbewusste Menschen ...

1. ... beziehen ihren Selbstwert aus sich, nicht aus den äußeren Umständen.

Sehr selbstbewusste Menschen wissen, auf welch breitem Fundament an Qualitäten sie stehen. Der Selbstwert kommt aus ihnen selbst. Sie sind deshalb weniger vom wohlwollenden Umfeld abhängig. Oft sind sie sturmerprobt und haben bereits einige Krisen hinter sich. Sie sind mit sich im Reinen und strahlen das aus. Ganz wichtig dabei ist: Diese Menschen waren nicht schon immer so. Sie haben sich entwickelt, sich den Ereignissen gestellt und bewusst an sich gearbeitet.

2. ... nehmen diverse Feedbacks stets auf der Sachebene an und wahr.

Rückmeldungen, die andere geben, werden gehört und stets erst einmal als neutral zu betrachtende Reaktion auf das eigene Handeln, nicht auf sich als Person gewertet. Weil diese den eigenen Selbstwert schonende Einordnung stets gegeben ist, wünschen sich sehr selbstbewusste Menschen sogar Feedback. Sie haben oftmals einen großen Drang nach Weiterentwicklung, sie wollen lernen, sie wollen weiterkommen und damit ihr Fundament des eigenen Selbstwertes noch größer machen. Deshalb wird jedes Feedback immer auf Lernfelder gescannt – aber eben auf der Sachebene.

3. ... nehmen Energie-, Kraft- und Stimmungssubtrahenden sehr bewusst wahr.

Nichts ist wichtiger als die eigene Stimmung, die eigene Energie. Sie entscheidet über die Qualität der Arbeit, über die eigene Ausstrahlung, über die ganz persönliche Zufriedenheit. Sie entscheidet auch über die eigene Leistungskraft. Deshalb werden Menschen, die ständig Energie und Kraft abziehen, soweit es geht, gemieden. Das gilt sowohl für das Berufsleben als auch für das Privatleben.

4. … geben und empfangen Anerkennung.

Sehr häufig – leider nicht immer – sind die überaus selbstbewussten Menschen sozial recht kompetent. Sie geben anderen Menschen ehrlich und regelmäßig Anerkennung und bekommen dadurch auch selbst vergleichsweise mehr als andere. Hieran können sie weiter wachsen. Denn wer gibt, bekommt.

5. … haben Klarheit über ihre Stärken.

Sehr selbstbewusste Menschen kennen ihre Stärken. Sie haben Interesse an steter Selbstreflexion. Sie haben sozusagen Interesse an sich selbst und befragen hierzu auch Dritte. Das trifft auf Extrovertierte und auf Introvertierte gleichermaßen zu. Letztere sprechen lediglich seltener darüber. Zugleich werden – wie eben bereits geschrieben – Lob und Anerkennung, auch in Bezug auf ihre Stärken, nicht verschämt, sondern dankend angenommen.

6. … kennen zudem auch ihre Schwächen.

Schwächen können ein Mangel sein. Aber nicht für die sehr selbstbewussten Menschen. Sie instrumentalisieren, sie kultivieren manchmal förmlich ihre Schwächen. Sie gehen sehr offen damit um, können über sich selbst lachen. Das macht zum einen sympathisch, zum anderen vertrauenswürdig. Insbesondere macht es authentisch und echt. Erst die Akzeptanz der eigenen Schwächen erlaubt eine klare Konzentration auf die eigenen Stärken. So bringen sich diese Menschen auch beruflich sehr gezielt ein. Und zwar in den Bereichen, in denen ihre Stärken gefragt sind, Wert stiften und damit den eigenen Selbstwert weiter erhöhen.

7. ... vergleichen sich stets motivierend, nicht demotivierend, mit anderen.

Natürlich gehen die sehr Selbstbewussten nicht blind durch die Welt. Sie bemerken schon, dass andere dies oder das besser können, dies oder das mehr haben. Allerdings führen Vergleiche nicht zur Demotivation, nicht zur Resignation, nicht zu Selbstzweifeln. Vielmehr sind sie Ansporn, den nächsten Schritt auf dem eigenen Weg zu gehen. Darüber hinaus werden solche Vergleiche in bestimmten Bereichen gar nicht erst vorgenommen, und zwar stets dort, wo eigene Schwächen akzeptiert und angenommen wurden und kein Interesse besteht, hieran zu arbeiten. Wissend, dass die eigenen Stärken sehr, sehr wertvoll sind.

Dein Weg zu mehr Selbstwert

Wenn du von den anderen Verantwortung verlangst,
übernimm auch für dich deine eigene.

Solon

Wie nun weiter mit dem Selbstwert?

Jetzt könnte man meinen: Mach es einfach genauso wie die gerade beschriebenen sehr Selbstbewussten, dann passt es schon. Sicher, manch eigenen Entwicklungsschritt kann man individuell aus dem letzten Kapitel ableiten. Bei anderen ist das nicht so ohne Weiteres möglich; einfach den Schalter umzulegen, das klappt leider meistens nicht. Zudem haben auch diese Menschen einige Entwicklungsetappen hinter sich, waren nicht immer so wie heute. Deshalb möchte ich das Ganze für die nächsten Etappen deines Wegs zu mehr Selbstwert noch etwas konkreter machen.

Sieben Gedanken folgen. Entscheide selbst, welche zu dir passen.

1. Übernimm die Verantwortung!

Unser Selbstwert entsteht in uns. Du bist verantwortlich für dein Leben, für deine Entwicklung, für deine Zukunft. Je mehr du dir dessen bewusst wirst, umso mehr erkennst du deinen eigenen Wert.

Mach vor allem nicht andere für deine Zukunft verantwortlich. Wer anderen die Schuld gibt, gibt anderen die Macht. Auch wenn andere rückblickend hier und da tatsächlich Schuld hatten, sieh nach vorn! Du kannst dein Leben gestalten. Es ist dein Leben.

2. Beziehe Kritik nie auf dich als Person!

Trenne das, was du tust, konsequent von dir als Person. Beziehe Kritik, die du bekommst, immer auf eine Handlung, also auf etwas, was du gemacht hast, aber nie auf dein Sein, auf deine Persönlichkeit. Betrachte Feedback weder positiv noch negativ, sondern versuche, es als etwas Neutrales einzustufen und zu bewerten. Ziehe deinen Selbstwert nicht mehr aus der Bestätigung durch andere.

Entscheide, wenn du kritisiert wirst, welchen Teil des Feedbacks du als wichtigen Impuls für deine Weiterentwicklung annimmst. Entscheide genauso, welchen Teil du nicht annimmst. Auch hier gilt: Du allein bist verantwortlich für dich.

Vielleicht schaffst du es sogar, dich später einmal über Kritik zu freuen, für Feedback dankbar zu sein. Denn wenn andere dein Tun bewerten, besteht immer auch die Chance, dass du noch besser in dem wirst, was du tust.

3. Werde dir über deine Subtrahenden klar!

Es ist normal, immer wieder Menschen zu begegnen, die uns Kraft, Energie und den Glauben an uns selbst abziehen. Das wird auch künftig so sein. Entwickle ein Bewusstsein dafür, wer dich derart räuberisch umgibt. Verwechsle aber Subtrahenden nicht mit Feedbackgebern. Es geht nicht darum, nur Jasager um sich zu versammeln und jede kritische Stimme zu umgehen.

Wenn aber Menschen um dich herum sind, die – warum auch immer – andere und auch dich ständig kleinmachen, die auf Kosten deines Selbstwertes selbst etwas größer sein möchten, dann lerne, ihnen freundlich und direkt zu sagen, dass dir das nicht gefällt. Versuche, wenn keine Änderung in Sicht ist, den Umgang mit ihnen zu beschränken oder ganz zu vermeiden. Auch hier gilt: Du hast die Verantwortung für dein Leben.

4. Entwickle Ziele für dein Leben!

Wer sich etwas wert ist, entwickelt mehr und mehr Ziele, wohin die Reise gehen sollte. Denke darüber nach, was du erreichen möchtest, was du magst, wohin du dich entwickeln möchtest. Baue durch diese Gedanken eine intensive Beziehung zu dir auf. Denn du selbst bist dir diese Gedanken wert.

Deine Entwicklung ist nicht das Ergebnis verschiedener Zufälle, denn du nimmst dein Leben und deine Zukunft selbst in die Hand!

5. Lerne Nein zu sagen!

Wer seinen Selbstwert auf der Zustimmung und Sympathie, auf dem positiven Feedback anderer errichtet, neigt dazu, nicht Nein sagen zu können. Das ergänzt sich mit dem letzten Punkt. Je weniger du selbst weißt, was und wohin du möchtest, umso mehr sagst du Ja zu dem, was andere möchten.

Das Wort »Nein«, etwas nicht zu wollen, dokumentiert Selbstwert. Auch wenn jemand eine Grenze zwischen sich und dir übertritt, dann teile es mit. Lerne freundlich, aber klar Nein zu sagen, wenn du etwas nicht möchtest.

6. Vergleiche dich nicht mit anderen!

Wenn du weißt, was du möchtest, wenn du weißt, welche Ziele du hast, dann stehe dazu. Du brauchst dich mit nichts und mit niemandem zu vergleichen. Entscheidend ist allein, was du möchtest, wohin du möchtest. Es geht um dich, um deine innere Zufriedenheit, um dein Glück.

7. Nimm dich so an, wie du bist!

Stehe zu deinen Gefühlen, egal ob du traurig oder fröhlich bist. Kämpfe nicht gegen deine Emotionen, denn dann kämpfst du gegen dich. Sei nicht, wie man angeblich zu sein hat. Sei, wie du bist, authentisch und echt.

Kümmere dich um dich, um deine Gesundheit, um deine Fitness, denn du bist es wert. Nimm dich so an, wie du bist, und entwickle mehr und mehr Vertrauen in dich selbst. Und genau darum geht es jetzt im zweiten Teil.

Teil 2

SELBST-VERTRAUEN

Wann wir vertrauen

Wenn man einem Menschen trauen kann, erübrigt sich ein Vertrag. Wenn man ihm nicht trauen kann, ist ein Vertrag nutzlos.

Jean Paul Getty

Vom Selbstwert zum Selbstvertrauen

Selbstwert und Selbstvertrauen werden oft in einen Topf geworfen. Zu sich stehen, an sich glauben – irgendwie scheint alles eins zu sein. Vielleicht erinnerst du dich ja noch an eines der ersten Kapitel in diesem Buch? Da hieß es: Der Selbstwert ist der Acker, auf dem das Selbstvertrauen wächst.

Wenn wir uns mit dem Selbstwert beschäftigen, dann geht es stets um deinen Glauben an dich als Person, mit allem, was dich ausmacht. Es geht darum, ob du – ohne Wenn und Aber – zu dir stehst. Es geht quasi um deinen Kern. Um den Wert, den du dir selbst gibst.

Wenn du deinen Acker düngst, wenn du an deinem Selbstwert arbeitest, dann kann auf ihm dein Selbstvertrauen wachsen. Das Schöne, das Spannende ist: Das geht irgendwann fast automatisch. Aber noch einmal etwas langsamer …

Vertrauen in der Praxis

Lassen wir uns für das Selbstvertrauen noch etwas Zeit. Beginnen wir mit dem Fremdvertrauen. Sicher, das sagt man so nicht. Man nennt es kurz Vertrauen. Vertrauen in andere. Wie entsteht es?

Vertrauen in andere ist ein Erfahrungswert.

Vertrauen in andere ist ein Erfahrungswert, es ist erlernt. Ganz sicher hast du auf dein Smartphone schon mal ein System-Update, eine neue Betriebssoftware oder etwas Ähnliches heruntergeladen. Bevor es losgeht, sind die Allgemeinen Geschäftsbedingungen zu bestätigen. Das ist ein elend langer Text, ich kenne noch niemanden, der den gelesen hat. Entweder scrollt man ganz runter und bestätigt den Spaß oder der Button »Akzeptieren« ist – weil es ohnehin niemand liest – freundlicherweise bereits oben über dem Text angebracht. Ich zumindest mache es so.

Bin ich zu träge, mich damit zu befassen? Halte ich mich selbst für zu blöd, den Text zu verstehen? Bin ich zu vertrauensselig? Was stimmt nicht mit mir? Meine Theorie ist die folgende: Die Unternehmen, die ich gerade meine, sind sehr große Firmen, die sich gegen alles Mögliche absichern. Meine langweilig-normale Form der

Nutzung tangiert das eher weniger. Die Firmen können sich Betrug am Nutzer gar nicht leisten. Wenn er vorkäme, wäre der Shitstorm überwältigend, der Schaden riesengroß. Nach dem gesunden Menschenverstand kann diesen Unternehmen also nicht daran gelegen sein, mit ihren Geschäftsbedingungen nutzerschädliche Fallen aufzustellen, in die man mit seiner Unterschrift tappt.

Vertrauen reduziert Komplexität.

Diese Sicht der Dinge reduziert für mich zugleich die Komplexität dieser Angelegenheit. Denn würde ich alles lesen, brauchte ich zudem noch einen Berater, der mir Einzelheiten, rechtliche Zusammenhänge und so weiter erklärt. Der Abgasskandal von Volkswagen – bekanntermaßen ja auch eine ziemlich große Firma – zeigt natürlich, dass Vertrauen nicht immer berechtigt ist. Ich kann also mit meiner Vorgehensweise auch mal so richtig danebenliegen.

Auch im Berufsleben ist schnelles Vertrauen völlig normal. Entscheidungen werden oft getroffen, ohne dass sich Manager in alle abzuwägenden Parameter und Einzelheiten hineingearbeitet haben. Ihnen fehlt schlichtweg oft die Zeit dafür, Entscheidungen werden im Akkord getroffen. Zugrunde liegen dann die eigenen Erfahrungen und Referenzen durch Dritte. Manchmal auch nur ein gutes Gefühl.

Vertrauen kann nicht verordnet werden

Vertrauen bewegt sich stets zwischen Wissen und Nichtwissen. Es blickt in die Zukunft und basiert auf Erfahrungen aus der Vergangenheit. Vertrauen birgt auch Unsicherheit. Wir wissen nicht, ob wir es zu Recht schenken.

Vertrauen erzwingen ist unmöglich.

Vertrauen schafft Handlungsbereitschaft, ist oft die Voraussetzung für den nächsten Schritt. Jeder kennt ganz sicher die Aussage »Vertrauen muss wachsen«. Es entsteht und wächst von selbst, Schritt für Schritt. Erzwingen ist unmöglich.

Übrigens: Wird versucht, schneller Vertrauen zu bekommen, als es sich normalerweise entwickelt, ruft dies Skepsis hervor. Und Skepsis ist einer der Gegenspieler des Vertrauens. Im Berufsleben wird Vertrauen manchmal regelrecht eingefordert. Oder es wird irgendwo schriftlich festgehalten: »Wir vertrauen uns.« Das ist Schwachsinn, denn ich kann Vertrauen nicht verordnen. Privat übrigens genauso wenig.

Vertrauen kann Rückenwind bekommen

Verordnen klappt nicht. Einfordern ist unmöglich. Aber wir können einiges dafür tun, Vertrauen zu bekommen. Wir können in Vorlage gehen, wir können auf ein Konto gegenseitigen Vertrauens einzahlen. Ob das Früchte trägt, entscheiden wir aber nie selbst. Vertrauen anderer zu dir kann zum Beispiel durch folgendes Verhalten gefördert werden:

- Du bist ehrlich, du spielst keine Rolle, du bist authentisch.
- Du bist verbindlich und verlässlich, du hältst dich an Vereinbarungen und Versprechen.
- Du interessierst dich für andere.
- Du verhältst dich nicht vage, du bist berechenbar.
- Du bist nicht auf irgendwelche schnellen eigenen Vorteile aus.
- Du bist offen und stehst zu deiner Meinung, du stehst zu deinen Werten.

Das Spannende daran ist: Sich selbst zu vertrauen, ruht auf einer ähnlichen Basis. Also zurück zu uns! Zurück zu dir!

Wann wir uns vertrauen

Zwei Dinge verleihen der Seele
am meisten Kraft:
Vertrauen auf die Wahrheit
und Vertrauen auf sich selbst.

Lucius Annaeus Seneca

Andere sind nicht wir

Vertrauen bewegt sich stets zwischen Wissen und Nichtwissen. Vertrauen blickt in die Zukunft und basiert auf Erfahrungen aus der Vergangenheit. Vertrauen birgt auch Unsicherheit. Wir wissen nicht, ob wir es zu Recht schenken.

Vertrauen schafft Handlungsbereitschaft, ist oft die Voraussetzung für den nächsten Schritt. Jeder kennt ganz sicher die Aussage »Vertrauen muss wachsen«. Es entsteht und wächst von selbst, Schritt für Schritt. Erzwingen ist unmöglich.

Gemerkt? Diese beiden Absätze waren eine 1 : 1-Wiederholung aus dem letzten Kapitel. Denn jetzt geht es ans Eingemachte, es geht um uns, es geht um dich. Ich übertrage jetzt diese beiden Absätze, in Einzelteile seziert, auf die Frage nach dem Vertrauen in uns selbst.

Vertrauen bewegt sich stets zwischen Wissen und Nichtwissen.

Selbstvertrauen zu haben, ist zuerst einmal eine grundsätzliche Eigenschaft. Ich traue mir zu, Herausforderungen zu bewältigen. Ich vertraue auf meine Fähigkeit, die Dinge zu schaffen. Dieses allgemeine Vertrauen in sich selbst wird im Alltag bei den diversen kleinen und großen Aufgaben, denen wir uns zu stellen haben, deutlich.

Auch Selbstvertrauen ist ein Erfahrungswert.

Ob unser Vertrauen in uns berechtigt ist, wissen wir nicht. Auch Selbstvertrauen bewegt sich zwischen Wissen und Nichtwissen. Es wird aber von unserer Zuversicht geprägt, von unserem Glauben an uns. Selbstvertrauen wächst aus unserem Selbstwert, dem wir uns im Teil 1 ausführlich gewidmet haben.

Vertrauen blickt in die Zukunft und basiert auf Erfahrungen aus der Vergangenheit.

Ob das Vertrauen in uns berechtigt ist, wissen wir erst einmal nicht, denn es ist ja in die Zukunft gerichtet. Je öfter wir aber in der Vergangenheit erlebt haben, dass wir unsere Sache gut machen, je mehr unsere Handlungen von Erfolg gekrönt waren, umso mehr trauen wir uns auch zu.

Das heißt gleichzeitig, dass Selbstvertrauen entsteht, wenn wir uns immer mutiger den Dingen stellen. Damit erklärt sich auch nochmals, warum das Selbstvertrauen auf dem Selbstwert beruht, denn nur mit einem wachsenden Selbstwertgefühl gehen wir immer wieder neue Herausforderungen an.

Vertrauen birgt auch Unsicherheit.

Wenn wir immer wieder mit neuen Menschen privat und im Beruf konfrontiert werden, denen wir vertrauen wollen, ist eine anfängliche Unsicherheit ganz normal. Doch wenn das Selbstvertrauen wächst, entsteht gleichzeitig mehr und mehr Sicherheit, es entsteht Selbstsicherheit. Die kleinen und großen Erfolge sorgen dafür, dass wir uns immer besser einschätzen können. Wir bekommen Klarheit über uns. Aus dieser Klarheit entsteht Sicherheit.

Wir wissen nicht, ob wir es zu Recht schenken.

Das mag für das Vertrauen in andere zutreffen. Beim Vertrauen in uns selbst jedoch stützen wir uns auf ein immer sicherer werdendes Gefühl. Wir kennen unsere Stärken und auch unsere Schwächen, sodass wir das, was uns nicht liegt, durchaus auch umgehen können. Wir wissen uns einzuschätzen, wir sind uns unserer selbst sicher. Wir wissen: Wenn wir uns selbst Vertrauen schenken, dann schenken wir es uns immer zu Recht.

Vertrauen schafft Handlungsbereitschaft, ist oft die Voraussetzung für den nächsten Schritt.

Unser Selbstvertrauen ist der Ausgangspunkt unserer Aktivitäten. Ohne Selbstvertrauen sind wir zögerlich, mit Selbstvertrauen hingegen wagen wir den nächsten Schritt. So ist beim Vertrauen in andere und beim Vertrauen in sich selbst identisch: Beides schafft Handlungsbereitschaft.

Jeder kennt ganz sicher die Aussage »Vertrauen muss wachsen«. Es entsteht und wächst von selbst, Schritt für Schritt. Erzwingen ist unmöglich.

Beim Vertrauen in uns selbst ist es genauso. So wie ein Auszubildender im ersten Lehrjahr sich schrittweise an immer neue Aufgaben herantastet, wächst auch das Vertrauen in uns selbst mit jeder neuen Erfahrung. Selbstvertrauen kann aber nicht verordnet, schon gar nicht erzwungen werden. Es muss jeder für sich selbst entwickeln. Andere können dabei natürlich unterstützen.

So ist das Selbstvertrauen die Frucht unseres Selbstwertes und das Ergebnis unserer positiven Erfahrungen. Wir müssen quasi uns selbst gegenüber eine Art Beweis erbringen. Wir müssen erfahren, dass wir uns auf uns selbst verlassen können. Und genau darum geht es jetzt …

In kleinen Schritten Verlässlichkeit beweisen

Lehre mich die Kunst der kleinen Schritte.
Antoine de Saint-Exupéry

Aller Anfang ist klein, aber stetig

In den letzten beiden Kapiteln haben wir uns mit Vertrauen und Selbstvertrauen auseinandergesetzt. Am Ende stand der Gedanke: Selbstvertrauen ist das Ergebnis unserer positiven Erfahrungen. Willst du dein Selbstvertrauen entwickeln oder willst du es weiterentwickeln, liegt genau hier einer der wichtigsten Schlüssel.

Positive Erfahrungen zu erlangen, funktioniert am sichersten, wenn wir kontinuierlich kleine Schritte gehen. Das Gegenteil davon wäre ein Anfall von Selbstüberschätzung – wir trauen uns einmal eine Riesensache zu, im schlechtesten Fall völlig unvorbereitet, fallen auf die Nase und haben danach weniger Selbstvertrauen als je zuvor. Besser sind kleine, regelmäßige Schritte, mit denen wir – anderen und uns – beweisen, was wir wirklich können.

Welche Schritte sind das?

Selbstsicherheit entsteht, wenn du dir etwas zutraust, wenn du mutig neue Herausforderungen annimmst.

Gesundes Selbstvertrauen wächst langsam, aber stetig.

Wenn du zum Beispiel Angst davor hast, frei vor anderen Menschen zu reden, beginne mit kleinen Statements im dir wohlgesinnten Freundeskreis. Wenn du dich – egal in welchem Lebensbereich – scheust, aktiv auf Menschen zuzugehen, beginne damit im Bekanntenkreis. Wenn du dir im Beruf nicht zutraust, ganze Projekte zu übernehmen, arbeite erst einmal in kleineren Projekten mit.

Zerlege deine ganz persönlichen Herausforderungen in sehr kleine Häppchen, in sehr kleine Schritte. Im Aufbau von Selbstsicherheit geht es am Anfang mehr um deine Kontinuität als um einen Riesensprung. Das entspricht dem oft gehörten Satz: Gras wächst auch nicht schneller, wenn man daran zieht.

Verlässlichkeit schafft Selbstvertrauen

Wichtig ist dein möglichst realistisches Herangehen. Was ist in welcher Zeit machbar? Mache es für dich möglichst konkret, plane es vielleicht sogar schriftlich. Die kleinen Schritte sind dann überschaubar, eine To-do-Liste – optimal mit Terminen für die Erledigung – entsteht. Du kannst abhaken. Du entwickelst so dein eigenes Projekt.

Sich auf andere verlassen zu können, schafft Vertrauen. Sich auf sich selbst verlassen zu können, schafft Selbstvertrauen.

Wenn du auf diese Weise vorgehst, hast du einen schönen Nebeneffekt. Du erreichst nicht nur irgendwann das Ziel, das du dir gesetzt hast, sondern du erkennst darüber hinaus, dass du dich auf dich und auf die Umsetzung deiner eigenen Vorhaben verlassen kannst, dass du verbindlich bist. Und vielleicht erinnerst du dich: Wenn du dich auf andere verlassen kannst, schafft das Vertrauen. Kannst du dich auf dich selbst verlassen, schafft das Selbstvertrauen.

Selbstzweifel bleiben

Auch wenn dies alles wunderbar klingen mag – deine Selbstzweifel werden immer wieder anklopfen. Gehe auch mit ihnen offensiv um. Sage Ja zu möglichen Fehlschlägen, habe keine Angst davor, dass etwas nicht gelingt.

Wenn du von vornherein »Es gelingt« und »Es gelingt nicht« als realistische Möglichkeiten akzeptierst, nimmst du dem Fehlschlag den Schrecken. Beide Varianten, sowohl »Es gelingt« als auch »Es gelingt nicht«, sorgen dafür, dass du lernst, dass du Erfahrungen sammelst, dass du besser wirst. Es darf etwas schieflaufen. Fehler sind ausdrücklich erlaubt. Sie gehören dazu.

Auch der Weg sehr selbstsicherer Menschen ist mit vielen Fehlschlägen gepflastert.

Der Weg der sehr selbstsicheren Menschen ist mit Fehlern, kleinen und größeren Misserfolgen gepflastert. Daran sind sie gewachsen. Und immer selbstsicherer geworden. Fast ein Grund, sich auf den einen oder anderen Fehlschlag zu freuen, oder?

Der brennende Lehrertisch

Wie ich bereits erzählt habe, galt mein Studium dem Lehramt für Mathematik und Chemie. Ich kann mich an meine Prüfung in Chemie erinnern. Es ging um Oxidationsreaktionen von Metallen. Ich wollte es besonders wirksam gestalten. So nahm ich eine wahrscheinlich etwas zu groß geratene Menge Magnesiumpulver. Vorsichtig pustete ich es in die Flamme. Die Reaktion war phänomenal! Ein grelles Licht erhellte den Chemieraum. Bedauerlicherweise brannte auch der Lehrertisch. Für die Prüfungskommission war es ein Schock. Für mich eine Erfahrung. Für die Schüler eine Gaudi.

Ich hatte etwas probiert und es war misslungen. Gelernt habe ich daraus: Viel ist manchmal auch zu viel. Viel ist nicht immer optimal. Auch wenn mir das Ganze aus heutiger Sicht völlig egal ist, denn ich hatte ja meine »Schulkarriere« von mir aus bereits beendet, bevor sie überhaupt losging. Auf jeden Fall war mein kleines Experiment ziemlich mutig. Noch Schülergenerationen werden davon berichten. Vielleicht.

Mut ist für den Aufbau von Selbstvertrauen übrigens sehr wichtig. Immer wieder mal etwas zu wagen, ist deshalb unser nächstes Thema. Es geht um deinen Mut.

Warum Mut so wichtig ist

Ewiges Zögern lässt nie etwas zustande kommen.

Demokrit

Angst versus Handlung

Bevor wir uns im nächsten Kapitel damit beschäftigen, ob und wie man Selbstvertrauen lernen kann, wenden wir uns zunächst einem Thema zu, das uns die Eintrittskarte für ein selbstbestimmtes, für ein sich selbst vertrauendes Leben in die Hand legt. Es geht um deinen Mut, etwas zu tun, zu handeln, anzufangen.

Es stellt sich die Frage, was Mut eigentlich ist. Wann ist man mutig? Heißt mutig sein, keine Angst zu haben? Ich beginne mit einem kleinen Beispiel. Stell dir vor, du hast etwas Höhenangst und fürchtest dich vor Wasser. Du bist mit deinem Kind im Urlaub am Meer. Für einen kurzen Moment passt du nicht auf. Dein Kind geht zu nah an einen Klippenrand, rutscht weg und fällt aus knapp zehn Meter Höhe ins Meer. Es kann noch nicht schwimmen. Es schreit nach dir. Springst du hinterher?

**Mut ist nicht das Fehlen von Angst.
Mut ist das Handeln trotz Angst.**

Mut ist nicht das Fehlen von Angst. Mut ist vielmehr das Handeln trotz Angst. Deine Angst steht immer im Wettstreit mit der Wichtigkeit der Handlung, vor der du Angst hast. Wenn du wegen deiner Angst nicht ins Handeln kommst, war dir die Bedeutung, der Nutzen deiner Handlung nicht groß genug. Oder anders herum: Deine Angst war größer.

Mein erstes Mal

Ich kann mich noch ziemlich genau daran erinnern. Es war im völlig überfüllten Stadtbad meiner Heimatstadt. Wie alt ich war, weiß ich nicht mehr. Auf jeden Fall hatten es meine Freunde alle schon getan …

Es waren nur fünf Meter. Sicher, später erzählten mir viele von 10-Meter-Türmen, die sie erklommen hätten. Mir hat die Hälfte schon gereicht. Auf der Leiter ging es nach oben. Dort angekommen, habe ich mich langsam nach vorn getraut. Es war kein Gehen, es war ein zögerliches Vortasten. Zum ersten Mal in meinem Leben stand ich auf dem Sprungturm. Höhenangst hatte ich zwar nicht. Aber runterspringen, das flößte mir schon Respekt ein. Man weiß ja nie, wie die Flugkurve wird. Komme ich unten so an, wie ich oben abspringe? Und Wasser soll ja hart wie Beton sein, wenn man nicht richtig eintaucht. Sagt man. Kurz gefasst: Ich hatte Angst.

Ärgerlich war, dass meine Freunde hinterherkamen, ein paar Mädchen inklusive. Auf dem gleichen Weg wie hoch auch wieder runter war für mich deshalb keine Option. Das hätte auch wenig Spaß gemacht, denn es war voll auf der Leiter zum Sprungbrett. Meine Verweilzeit auf der Plattform gestaltete sich etwas länger als geplant. Ich brauchte Mut. Aber es dauerte nicht allzu lange, bis der Mut gegen meine Angst gewann. Ich bin gesprungen. In der B-Note war es nicht ganz ausgereift, aber o.k.

Mit der Angst umgehen

Solche Situationen gibt es immer wieder im Leben. Wenn wir etwas Neues wagen, einen nächsten Schritt gehen wollen, brauchen wir Mut. Wir verlassen unser gewohntes Feld, gehen ein Risiko ein, loten unsere Grenzen aus. Das Überschreiten der Grenzen, das Ausweiten unseres Handlungsspektrums verschafft uns neue Erfahrungen. Einiges gelingt, anderes nicht. Alle diese Erkenntnisse sind die Wurzeln, aus denen neues Selbstvertrauen heranwächst. Die Ausgangsbasis dafür ist der Mut, sich etwas zu trauen. Trotz der Angst.

Angst ist dabei nichts Schlechtes. Sie beschützt uns. Normalerweise hat man Angst, wenn man in Situationen gerät, die bedrohlich sind. Dann reagiert der Körper automatisch, bereitet sich vor auf Flucht oder Kampf. Das Herz schlägt schneller, die Muskeln spannen sich an. Die Atmung beschleunigt sich, die Adern sind maximal durchblutet. Ein unbewusstes Programm läuft ab, Reflexe aus den frühen Zeiten der Menschheit übernehmen die Steuerung.

Wenn es an neue Herausforderungen geht, reagieren wir nicht in jedem Fall so extrem. Solange kein hungriger Tiger vor uns steht, sondern vielleicht nur ein zeternder Nachbar, der uns zu Unrecht beschuldigt, wir hätten unseren Müll vor seiner Haustür ausgekippt, haben wir gelernt, unsere Reflexe mithilfe unseres Verstandes zu kontrollieren. Der Impuls, fliehen zu wollen, dürfte uns aber durchaus bekannt vorkommen. Dann ist es hilfreich, Angst und Nutzen gegeneinander abzuwägen.

- Was habe ich davon, wenn ich diesen Schritt gehe?
- Worauf verzichte ich, wenn ich es nicht versuche?
- Was kann schlimmstenfalls passieren, wenn es nicht klappt?

Häufig wächst die Erkenntnis, dass es deutlich mehr Pros als Kontras gibt.

Mut produziert Mut

Wer mutig sein möchte, benötigt ein Ziel, für das es sich zu kämpfen lohnt. Denn wenn du etwas wirklich willst, dann bringst du auch den Mut dafür auf. Dann ist dein Nutzen größer als deine Angst. Wenn du hingegen fürchtest, dass es nachher schlimmer ist als vorher, wirst du den erforderlichen Mut nicht zusammenbringen. Umso wichtiger sind deine Hoffnung und deine optimistische Zielvorstellung.

Die Sicherheit des Gewohnten aufzugeben, ist der Preis des Mutes.

Deinen Mut gibt es natürlich nicht gratis. Mut hat immer auch seinen Preis. Du investierst deine Sicherheit, die du im Gewohnten findest, du bezahlst mit deiner Bequemlichkeit des Altbekannten. Wer zum Beispiel in eine neue Stadt zieht, gibt sehr viel auf. Er verliert das bekannte Umfeld, den regelmäßigen Kontakt zum lieb gewonnenen Freundeskreis. Die vertraute Atmosphäre weicht dem unbekannten Neuen. Mut ist gefragt, sehr viel Neues steht vor der Tür.

Mit jeder neuen positiven Erfahrung, mit jedem »Es-hat-sich-gelohnt«-Gefühl erkennst du, dass du dir zu Recht neue Wege zutrauen kannst. Mut produziert Mut in Form wachsenden Selbstvertrauens. Denn – und das hast du sicherlich schon einmal gehört oder gelesen – wer kämpft, kann verlieren. Wer nicht kämpft, hat schon verloren.

Ohne immer mal wieder mutig zu handeln, verlierst du die Chance auf persönliches Wachstum, auf deine Weiterentwicklung. Du entscheidest dich für Stillstand, vielleicht sogar für Rückschritt. Denn auch wenn es seltsam klingt: Wer sich nichts Neues zutraut, traut sich oft im Laufe der Zeit generell immer weniger zu. Aber Selbstvertrauen kann man lernen. Wie das gehen kann, werden wir im Folgenden erfahren.

Kann man Selbstvertrauen wirklich lernen?

Wenn man ins Wasser kommt, lernt man schwimmen.
Johann Wolfgang von Goethe

Zwei Varianten deines Lernprozesses

Kann man Selbstvertrauen wirklich lernen? Ja, man kann! Ja, du kannst!

Ich möchte mich auf zwei Varianten beschränken, die nach meinen ganz eigenen Erfahrungen – dazu gleich mehr – die besten Erfolge bringen. Die eine Variante liegt im eigenen Handeln, die andere Variante liegt im eigenen Denken begründet. Im Bild links hat Tiki meinen Sprungturm – meine Mutprobe aus dem letzten Kapitel – gezeichnet. Letztlich bin ich runtergehüpft, ich habe mich überwunden und es getan. Dieses Tun ist meine erste Variante, es ist die Option des Handelns.

Variante 1: Selbstvertrauen stärken durch eigenes Handeln

Die eigene Verlässlichkeit ist – wie eben schon beschrieben – eine der Voraussetzungen für das Vertrauen in dich selbst. Es geht darum, sich selbst etwas vorzunehmen und es dann auch wirklich durchzuziehen. Wenn ich mich an das, was ich mir vornehme, halte, wenn ich also mir selbst gegenüber verbindlich bin, entsteht schrittweise Vertrauen. Für den einen mag das selbstverständlich klingen, für den anderen ist es das ganz und gar nicht. Da werden fast regelmäßig eigene Vorhaben verschoben, landen eigentlich feste Planungen im Nichts. Nur: Wenn ich mir nicht vertraue, mich auf mich selbst nicht verlassen kann – wie sollen mir dann andere vertrauen und sich auf mich verlassen können?

Das Schöne daran ist: Man kann es lernen. Ich empfehle, zunächst einmal in recht kleinen Schritten vorzugehen. Riesenvorhaben enden zu oft auf der Halde der nicht umgesetzten Pläne, finden sich schnell auf dem Friedhof der eigenen Vorhaben wieder. Und das muss nicht sein.

Disziplin – der Anfang neuen Selbstvertrauens

Nimmst du dir zum Beispiel vor, dich regelmäßig etwas mehr sportlich zu betätigen, könntest du schon mit kurzen zehn Minuten am Morgen beginnen. Für jemanden, der nie Sport treibt, ist das durchaus eine Herausforderung. Sie ist weder groß, noch ist sie unmöglich. Aber es ist eine Herausforderung! Manchmal helfen kleine Erinnerungshilfen. Ich habe schon Listen gesehen, die täglich abgehakt wurden. Oder andere Varianten, sich zu erinnern.

Der Erledigungsstand wurde visualisiert, die Wahrscheinlichkeit der Umsetzung wuchs. Als Hilfe ist das nicht unwichtig, damit es nicht »aus den Augen, aus dem Sinn« gerät.

Oder du nimmst dir als Projekt eine Fremdsprache vor, die du immer schon mal lernen wolltest. Das gleiche Prinzip: Jeden Tag erst einmal nur zehn oder fünfzehn Minuten. Anfangs musst du dich daran erinnern, es macht wahrscheinlich nicht täglich gleich viel Spaß. Irgendwann gelingt es aber, dass deine kleine Japanischeinheit zu einer Gewohnheit wird. Und wenn du das geschafft hast, ist die größte Hürde genommen. Bis dahin brauchst du Disziplin. Sich solche Disziplin selbst zu beweisen, ist der Anfang neuen Selbstvertrauens. Es gibt hier übrigens für alle Lerntypen und diverse Schwierigkeitsgrade eine Menge guter Apps oder Programme.

Weiterentwicklung schafft Selbstvertrauen

Sich auf diesem Weg in neue Gebiete einzuarbeiten, ist besonders erfolgversprechend. Da sind neue Fitness und eine neue Sprache nur zwei von unzähligen Möglichkeiten. Alles ist besser, als jahrelang im eigenen Saft der vor langer Zeit einmal erworbenen (Er-)Kenntnisse zu schmoren. Nichts Neues kommt hinzu, es herrscht Stillstand. Das dehnt sich natürlich auch auf das Bild aus, das man von sich selbst hat: Es stagniert. Nichts kommt hinzu, alles bleibt beim Alten.

Investiere in dich, weil du es dir wert bist!

Wenn du dir neue Gebiete erschließt, zeigt dir das insbesondere deine eigenen Möglichkeiten. Dir wird wieder klar, was in dir steckt, wenn du es nur endlich einmal angehst. Ob es ganz neue Fähigkeiten und Fertigkeiten sind oder ob du bereits bestehende, in dir schlummernde Stärken bewusst weiterentwickelst, musst du selbst entscheiden. Investiere Zeit, vielleicht sogar Geld in dich, weil du es dir wert bist.

Erst Gewohnheiten bringen Ergebnisse

Auf eine Kleinigkeit – bevor es zur zweiten Variante geht – sei nochmals hingewiesen. Ich wiederhole sie deswegen, weil sie so unwahrscheinlich wichtig ist. So richtig stolz sein kannst du, wenn du deine neue Handlung (was immer es ist) zu deiner Gewohnheit gemacht hast. Dann, genau dann beginnt meist erst die lohnenswerte Phase. Denn einmal ist keinmal, das gilt auch hier.

Erst neue Rituale sichern dauerhaft neue Ergebnisse! Regelmäßigkeit bedeutet: Du kannst dich auf dich verlassen. Du hast es »mit dir« besprochen und du hältst dich daran. Es ist diese Verlässlichkeit, die ein maßgebender Katalysator für die Stärkung deines Selbstvertrauens ist.

Variante 2: Selbstvertrauen durch eigenes (Voraus-)Denken

Die zweite Variante, zu mehr Selbstvertrauen zu gelangen, ist etwas unüblich. Eventuell wirst du auch sofort denken: »So ein Schwachsinn!« Sie hat augenscheinlich nichts mit dem zu tun, was du machst, also nichts mit deinem aktuellen Verhalten. Es geht vielmehr um das, was du denkst. Diese zweite Variante ist immer wieder im Mentaltraining von Sportlern zu finden. Natürlich müssen auch sie sich neue Gewohnheiten und Bewegungsabläufe antrainieren. Immer und immer wieder. Aber um erfolgreich sein zu können, sollten sie auch mental stark und positiv vorausdenkend sein.

Dein Unterbewusstsein saugt sich mit kleinen Portionen Selbstvertrauen voll.

Es geht beim Vorausdenken exakt um den Punkt, an dem du erreicht hast, was du erreichen wolltest. Du gehst in Gedanken schon mal nach vorn und fühlst dich in die Situation hinein. Du genießt diesen Moment, du durchlebst diesen Moment, der erst irgendwann in der Zukunft liegen wird. Dein Unterbewusstsein saugt sich, wenn du dieses entspannte Vorausdenken immer wieder mal praktizierst, mit kleinen Portionen an Selbstvertrauen voll. Du glaubst an dich. Und das allein schon deswegen, weil du dir diese Situation des Erfolgs selbst bereits bis ins Detail vorstellen konntest.

Jetzt mag mancher denken: Und was ist, wenn ich nur träume und nichts für den Traum tue? Sicher, dann bleibt es ein Traum. Je mehr du dir aber ein Ziel vorstellen kannst, umso selbstverständlicher machst du im Alltag kleine Schritte auf dem Weg dorthin. Das Ziel wird durch deine präzise Vorstellung des Moments präsenter, es wird anziehender. Du denkst häufiger daran, du glaubst stärker daran. Dadurch stimmt die Richtung, in die du dich mit vielen kleinen, manchmal auch unbewussten Schritten bewegst. Oft wird von einem gedanklichen Zielfoto gesprochen. Vielleicht ist es ja auch ein Zielvideo, mit dem du einen Erfolg mental vorwegnimmst?

Mein fehlendes Selbstvertrauen auf Karteikarten

Nun stehen wir alle vor komplett unterschiedlichen Herausforderungen, für die wir uns mehr Selbstvertrauen wünschen. Diese Situationen können im Privaten, sie können auch im Beruflichen liegen. Bei mir war es zum Beispiel mein allererster, deutschlandweit ausgeschriebener Vortrag nach meinem Lehrerstudium. Ich war wahnsinnig aufgeregt. Und mächtig unsicher. Jeder, der Bedenken hat, vor einer größeren Gruppe von Menschen zu sprechen, kann vielleicht nachfühlen, was ich meine. Schüler als Publikum war ich bis zum Abitur ja gewöhnt, jetzt aber saßen Hunderte erfolgreicher Unternehmer vor mir. Meine Gedanken drehten sich im Kreis. Nervosität vom Haaransatz bis unter die Fußsohle, nicht auszuhalten.

Irgendwann habe ich angefangen, mir vorzustellen, wie zufrieden, glücklich und begeistert die Teilnehmer nach meinem Vortrag applaudieren werden. Ich machte mir Gedanken darüber, mit welcher Geste ich mich am besten bedanke. Verbeugt man sich? Oder sagt man nur Danke? In der Schule hatte es zum Unterrichtsende einfach geklingelt, damit war Schluss. Das war so ja jetzt nicht zu erwarten. Auf jeden Fall war ich mental weit in der Zukunft unterwegs. Ich war schon in Gedanken an dem Punkt, an dem alles super gelaufen war.

Gleichzeitig habe ich angefangen, meinen Vortrag auf Karteikarten generalstabsmäßig vorzubereiten. Am Ende hatte ich 43 A5-Karten für nur 75 Minuten Vortrag. Die hätten in der Schule fast für ein ganzes Halbjahr gereicht. Auf den Karteikarten standen die Struktur des Vortrags, für jeden Teil die wichtigsten Themenpunkte, die kleinen Geschichten, die mich in diese Teile führten, und einiges mehr. Das meiste davon stichpunktartig mit Angabe der Minuten, wann was folgt. Das bin ich dann mehrfach durchgegangen, aber mit dem Ziel, es nicht auswendig zu lernen. Schließlich sollte es kein Gedicht werden. Im Prinzip war ich mental am Ziel, habe mich aber nicht darauf verlassen.

In Gedanken schon mal am Ziel vorbeischauen und parallel die vielen kleinen Schritte gehen.

Der Vortrag kam am Ende wirklich super an, auch wenn ich heute sehr vieles ganz anders mache. Die Karteikarten habe ich übrigens während des Vortrags nicht einmal berührt. Ich hatte das völlig falsch eingeschätzt. Karteikarten auf einer Riesenbühne hatte vor mir niemand. Und so ließ auch ich sie liegen.

Mentales Zielbild plus die kleinen Schritte dorthin

Für das Stärken und Entwickeln, das »Lernen« des Selbstvertrauens haben mir diese beiden Instrumente in der Vergangenheit am meisten geholfen. Ich hatte mich mental schon in die Zukunft bewegt, in den Augenblick der Zielerreichung gedacht. Und gleichzeitig hatte ich die vielen kleinen Schritte unternommen, die mich einem Ziel näher und näher führten. Auch das Cover dieses Buchs hatte ich bereits lange vor meinem geistigen Auge. In meiner Fantasie hatte ich das fertige Buch bereits in der Hand und auf der Frankfurter Buchmesse vorgestellt. Dieser Gedanke, diese Vorstellung motivierte mich immer wieder, die nächsten Schritte zu gehen, dann die ersten Zeilen zu schreiben. Bis daraus die Gewohnheit wurde, weiter an der Struktur des Buches und am Text der Kapitel zu arbeiten, weil es Riesenspaß machte. Das Cover ist heute übrigens ganz anders, ich wäre im Traum nicht auf die Farbe Mint gekommen. Völlig egal.

Welche beruflichen Herausforderungen, welche privaten Situationen sind es bei dir, in denen du dir mehr Selbstvertrauen wünschst? Versuche es doch auch einmal mit dem »Denken ans Ende«, mit dem mentalen Zielbild und mit den kleinen Schritten in diese Richtung. Auch wenn mein Beispiel sicher sehr wenig mit deinen Themen zu tun hat – dieses Vorgehen kann ich dir von ganzem Herzen empfehlen.

Auch bei meinen Vorträgen ging ich in den Folgemonaten immer wieder so ähnlich vor. Irgendwann hatte ich dann das Gefühl: »Läuft!« Bei sich wiederholenden Themen verließ ich mich auf meine Vorbereitung. Ich hatte ja schon alles. Nahm die Karten mit, schaute sie nochmals durch, dachte mich bis zum Ende. Applaus. Und hatte Erfolg damit. Bis zu dem Tag, an dem ich mir zu viel vertraute.

Kann man sich zu viel vertrauen?

Die ich rief, die Geister,
werd' ich nun nicht los.

Johann Wolfgang von Goethe

Ja, man kann!

Weiter geht's mit meiner kleinen Geschichte. Meine Vorträge liefen, die Resonanzen waren hervorragend. Bis zu diesem Vortrag im Ruhrgebiet. Dort sprachen außer mir noch mehrere weitere Redner. Mein Thema kannte ich in- und auswendig. Rückblickend fehlte mir bereits am Vortag die leichte Nervosität, die ich sonst immer von mir kannte. Meine Karteikarten schaute ich nur beiläufig durch. Ich war mir sehr sicher.

Auch am Morgen der Veranstaltung war ich völlig entspannt. Irgendwann war ich an der Reihe. Der Vortrag lief, aber das Publikum ging nicht so mit, wie ich es gewohnt war. Am Ende gab es Applaus, aber nicht so wie sonst. Auch danach gab es keine diversen Anfragen wie sonst. Sicher, nicht jeder Tag ist gleich. Dass die eigene Form schwankt, ist normal. Mein selbstkritischer Rückblick brachte aber etwas anderes ans Licht: Ich war mir viel, viel zu sicher gewesen. Tiefenentspannt statt voll sprühender positiver Energie. Meine Selbstsicherheit war zu groß gewesen. Ich hatte die Teilnehmer nicht so elektrisieren können wie sonst.

Wann beginnt die Selbstüberschätzung?

Vor geraumer Zeit las ich von einer Studie aus Kanada, die besagt, dass die meisten Autofahrer davon überzeugt sind, sehr viel besser zu fahren als der Rest. Ohne intensiv darüber nachdenken zu müssen: Das kann nicht stimmen, da liegen einige auf jeden Fall falsch. Wie ist das also mit der Selbstüberschätzung?

Ein wenig Selbstüberschätzung kann sogar nützlich sein.

In unserer Zeit sind Konkurrenzsituationen allgegenwärtig. Runde ich meine eigenen Fähigkeiten auch mir selbst gegenüber ein wenig auf, kann ich schon etwas eher bestehen. Oftmals ist Selbstüberschätzung sogar nützlich, weil Menschen, die sich selbst für überdurchschnittlich fähig halten, häufiger und eher an die wertvollen Aufgaben herandürfen. Irgendwann kommt dann allerdings die Stunde der Wahrheit. Es muss geliefert werden.

Gesundes Selbstbild und Selbstvertrauen entwickeln

Um nicht in die Falle der Selbstüberschätzung zu tappen, ist immer wieder mal etwas Feedback hilfreich. Es ist wertvoll, andere zu befragen. Es ist wertvoll, sich selbst zu hinterfragen. So schaffst du es, ein möglichst realitätsnahes Bild von dir und deinen Fähigkeiten zu bekommen. Denn genau diese Klarheit in Bezug auf die eigenen Fähigkeiten schützt vor Selbstüberschätzung. Wer sie zu lange von sich wegschiebt, glaubt irgendwann auch über Wasser gehen zu können.

Zu einem gesunden Selbstbild gehört auch, Fehler machen zu dürfen. In dem Moment, in dem du zu ihnen stehst, mit deinen Fehlern offen umgehst, rückst du mehr an dein echtes Selbst heran. Du wirst authentischer, du wirst auch sympathischer. Sicher kennst du die Alleskönner, die über alle Maßen selbstbewusst auftreten, von allem eine Ahnung haben. Das sind Typen, die sich für universell genial halten. Die haben meist ein Problem. Ihr Selbstbewusstsein ist nicht echt. Doch das Nachdenken über unangenehme Typen schiebe ich mal vorübergehend auf die lange Bank und gehe erst am Ende dieses Buchs auf sie ein.

Souveränität statt Selbstüberschätzung

Vor Selbstüberschätzung kann sich jeder Mensch wappnen. Wer souverän mit sich und anderen umgeht, stellt seine Leistungen und sein Können nicht unter den Scheffel, er beschönigt sie aber auch nicht.

Bei Staaten spricht man von Souveränität, wenn man das Selbstbestimmungsrecht meint; es drückt sich in Eigenständigkeit und Unabhängigkeit aus. Im alltäglichen Wortgebrauch geht es zumeist um das selbstsichere und überlegene Beherrschen einer Aufgabe oder Situation. Souveränität kann sich aber auch auf das gesamte Auftreten einer Person beziehen.

Souverän bedeutet selbstsicher, nicht überlegen.

Ein souveräner Mensch begegnet anderen im besten Falle selbstsicher, nicht überlegen. In Gesprächen stellt er sich auf sein Gegenüber ein und spricht so, dass andere ihn verstehen können. Er versucht erst, seine Gesprächspartner zu verstehen, bevor er sich selbst und seine Sichtweise erklärt. Er fragt nach, wenn etwas nicht klar ist. Er unterlässt rhetorische oder andere Tricks, die kleine Vorteile bringen könnten. Und er zeigt Gefühl, wenn ihm danach ist. Denn souveräne Menschen müssen sich nicht verstecken. Sie stehen zu sich.

Sorge dafür, dass sich deine Welt und dein Denken nicht nur um dich selbst drehen. Souveränität plus Selbstvertrauen ohne Selbstüberschätzung ist die Stärke, sich selbst und seine Fähigkeiten mit einem positiv-realistischen Blick einzuschätzen.

Und um genau dieses souveräne Selbstvertrauen zu entwickeln, gibt es ein Geheimrezept. Es heißt Disziplin.

Das Geheimnis der Selbstdisziplin

Die Herrschaft über den Augenblick
ist die Herrschaft über das Leben.

Marie Freifrau von Ebner-Eschenbach

Wenn Vorhaben liegen bleiben

Die vor wenigen Seiten beschriebene Verlässlichkeit anderen gegenüber hat sehr viel mit Disziplin zu tun. Verlässlichkeit sich selbst gegenüber hat dementsprechend sehr viel mit Selbstdisziplin zu tun. Sich etwas vornehmen, Absprachen mit sich selbst treffen – und sich daran halten.

Das Ganze mag für dich, wenn du sehr konsequent bist, recht banal sein. Für viele andere ist dies aber oftmals eine schwierige Herausforderung. Und jeder, der sich Silvester schon mal was vorgenommen und dies dann wieder vergessen hat, weiß, was ich meine. Wahrscheinlich war das Vorhaben nicht wichtig genug. Möglicherweise war es im doppelten Konjunktiv formuliert. Egal. Ich, du, wir waren nicht diszipliniert genug.

Selbstdisziplin verlangt Annahme

Um an der eigenen Selbstdisziplin für ein bestimmtes Ziel zu arbeiten, ist es notwendig, erst einmal die aktuelle Situation anzunehmen, sie in vollem Umfang zu akzeptieren. Ungeschönt, so wie sie ist. Das schreit förmlich nach einem Beispiel.

Annehmen heißt akzeptieren.

Stell dir vor, du willst dich gesund ernähren. Schon seit Monaten, schon seit Jahren. Aber es gelingt dir nicht, weil du immer wieder und vor allem oft in ungesunde Versuchung kommst. Weil dir nach einem langen Arbeitstag die Zeit fehlt, um gesund einzukaufen und gesund zu kochen. Oder weil du dir die Zeit dafür einfach nicht nimmst. Hast du dann zu schnell und zu schlecht gegessen, melden sich dein Magen und ein schlechtes Gewissen gleichzeitig. Und du nimmst dir erneut vor: Ab morgen bin ich konsequent! Ab morgen ernähre ich mich gesund!

Für mein Beispiel ist es völlig egal, ob du dich durch die ungesunde Ernährung schon träge und kraftlos fühlst oder ob du dich beim Blick in den Spiegel bereits weit von deinem Wunschgegenüber entfernt hast. Mir geht es lediglich darum, dass du dir etwas vorgenommen hast, was erst einmal und vielleicht sogar für lange Zeit auf der Strecke geblieben ist.

Annahme heißt zu akzeptieren, dass und wann genau etwas dir bisher nicht gelang. Annahme heißt zu erkennen, wann du besonders »gefährdet« bist, vom Weg abzuweichen. Annahme heißt zugleich zu erkennen, ob dir dieses Vorhaben überhaupt wirklich wichtig ist. Oder ob du es streichen kannst und dennoch glücklich und zufrieden sein wirst.

Gerade beim Thema Disziplin kommt bei manchen die Oberlehrernummer durch. Mir geht es – das ist mir an dieser Stelle ganz wichtig – nicht um Belehrungen. Das steht mir auch nicht zu. Vor allem braucht es keine Klugscheißer. Denn um Vorhaben dieser Art diszipliniert anzugehen, braucht es deine innere Motivation. Du musst mit aller Kraft und mit allen Sinnen entscheiden: Ja, ich will das jetzt umsetzen! Komplett.

Disziplin verlangt Konzentration.

Mir geht es darum, dass du erkennst, was dir wirklich wichtig ist, und dass du es dann schaffst, deine Vorhaben diszipliniert umzusetzen. Vorhaben, die dir nicht wichtig sind, streichst du. Auf Vorhaben, die dir sehr wichtig sind, fokussierst du dich. Zu viel Unterschiedliches ist nicht realistisch, darauf kann sich kein Mensch konzentrieren. Also lieber etwas weniger und dafür richtig. Disziplin verlangt zumindest am Anfang Konzentration.

Wie funktioniert dieses »Annehmen«?

Zurück zu meinem Beispiel. Um sich selbst wirklich nichts vorzumachen, ist es von großem Wert, die eigene Situation rund um das eigene Vorhaben realistisch einzuschätzen. Das gelingt am besten, indem du eine kleine rückblickende Inventur machst. Folgende Fragen können dabei helfen; ich beantworte sie gleich einmal beispielhaft zum Thema »Gesunde Ernährung«.

Eine kleine Bitte vorab: Wer mit der eigenen Disziplin nie Probleme hat, den bitte ich um ein paar Absätze Geduld.

- **In welchen Situationen schaffst du es bisher nicht, dich an dein Vorhaben »Ich ernähre mich gesund« zu halten?**
  Vielleicht abends, wenn du völlig fertig nach Hause kommst und dieses ungesunde Zeug brauchst? Eventuell sind es Situationen auf der Arbeit oder privat, in denen du dich überfordert fühlst und nicht auch noch »an so was« denken kannst und willst? Oder es sind Situationen mit Menschen, die dich verleiten, weil sie entweder von deinem Vorhaben nichts wissen oder es ihnen völlig egal ist? Natürlich gibt es noch viele weitere denkbare Gründe.

  Bist du dir über die meisten deiner Gründe im Klaren, schätzt du also deine eigene Situation realistisch ein, nimmst sie an und verleugnest nichts, kannst du bewusst gegensteuern.
  In meinem Beispiel wäre es hilfreich, für die Problemsituationen gewappnet, also vorbereitet zu sein, denn gesunde Ernährung muss nicht kompliziert sein. Also plane einfache Gerichte, die schnell gehen, vielleicht hast du manches sogar schon vorbereitet. Oder du machst aus der Zubereitung ein neues Entspannungsritual, vielleicht sogar mit schöner Musik. Menschen, die dich zu ungesundem Essen verleiten, kannst du um Unterstützung bitten. Ob es hilfreich und möglich ist, Menschen, denen dein Vorhaben egal ist, zeitweise zu meiden, musst du entscheiden.

- **Wann wurde dir dein Vorhaben weniger wichtig und wann ist es ganz in Vergessenheit geraten?**
  Neben einzelnen Situationen, in denen es schwierig wird, gibt es auch Zeiten, ab denen es schwierig wird. Jedes neue Vorhaben hat eine Engagement- und Elankurve. Sie ist natürlich anfangs hoch, dann geht es oft schrittweise abwärts. Je mehr Vorhaben du gleichzeitig umsetzen möchtest, desto weniger Engagement und Konzentration bekommt jedes einzelne ab. Vielleicht gelingt dir der Start immer nur am Wochenende und am zweiten oder dritten Arbeitstag der Folgewoche klappt es

schon nicht mehr? Oder du hältst dein Vorhaben nur auf der Arbeit durch und am Wochenende lässt du es schleifen? Eventuell hängt es auch mit der Präsenz von bestimmten Menschen zusammen, wie lange du elanvoll bei der Stange bleibst?

Wenn du weißt, wann deine schwierige Phase beginnt, kannst du in dieser Zeit besonders aufmerksam sein. Du kannst deine anfänglich hohe Elankurve nochmals durch bewusste Selbstmotivation pushen. Vielleicht nutzt du die Kraft der Bilder, die dich wieder hochzieht. Das kann zum Beispiel ein motivierendes Zielbild zur Visualisierung sein, das ich weiter oben schon beschrieben habe.

- **Was hat dich bisher immer wieder dazu gebracht, dich nicht nur über deine fehlende Disziplin zu ärgern, sondern wieder neu anzugreifen?**

Wenn du immer wieder den Willen entwickelst, neu loszulegen, gibt es dafür ganz sicher Auslöser. Das können Menschen oder Situationen sein. Beim Thema »Gesunde Ernährung« kann es sich auch um dein persönliches körperliches Unwohlsein handeln, das dir die Bedeutung der Ernährung neu vor Augen führt. Oder du triffst auf Menschen, die kraftvoll vorleben, was du noch nicht geschafft hast.

Wenn du weißt, was dich immer wieder neu motiviert, kannst du diese Impulse selbstdisziplinfördernd nutzen. Erspüre genau, wie sich dein Unwohlsein anfühlt, um dieses Gefühl bei Bedarf – und natürlich nur kurz – abrufen zu können, wenn du es zum Weitermachen benötigst. Ich habe schon Menschen kennengelernt, die hatten zu diesem Zweck ein Foto von sich präsent, das sie in einem Zustand zeigte, in dem sie sich zu einhundert Prozent unwohl fühlten. Oder du telefonierst oder triffst dich in Phasen der Schwäche bewusst mit Menschen, die dir Kraft und neuen Elan geben.

All das sind nur Beispiele. Sie sollen verdeutlichen, dass Selbstdisziplin nicht unbedingt auch von selbst funktioniert. Annahme der eigenen Situation bedeutet: Du erkennst deine bisherigen Hürden und kannst bewusst damit umgehen. Du wirst dir deiner selbst bewusst. Deswegen ist die Selbstdisziplin auch eines der Geheimnisse auf dem Weg zu mehr Selbstvertrauen.

Bist du dir deiner selbst nicht bewusst, kann das bedeuten, dass du vor dir die Ursachen für das Aufgeben eines selbst gesetzten Ziels verleugnest, dass du sie vielleicht auch einfach ignorierst. Du ärgerst dich zwar, aber du tust nichts dagegen.

Gelassen selbstdiszipliniert

Mancher mag jetzt denken: So ein Stress, so ein Kampf, so ein Krampf! Doch genau so meine ich es nicht. Deine Vorhaben, deine Ziele sollten unverkrampft Spaß machen. Das Ergebnis, das du dir schon vor dein geistiges Auge holen kannst, soll dir Freude machen. Du hängst nicht verbissen an deinem Ziel, es raubt dir auch nicht die Lebensfreude. Ganz im Gegenteil: Genauso wie du mit deinen schwierigen Situationen bewusst umgehst, kannst du auch eigene Belohnungen bewusst planen. Du hältst eine bestimmte Zeit durch und feierst dann dein Zwischenziel.

Bewusst auch mal sündigen zu können, ist die Champions League der Selbstdisziplin.

Für das Thema »Ich ernähre mich gesund« kann das bedeuten, dass du dir erlaubst, an einem Tag, dem sogenannten »Cheat Day« – den Begriff habe ich von meinen Kindern gelernt –, mal zu sündigen, und dich danach wieder an dein Vorhaben hältst. Genau das zu beherrschen, bewusst auch mal sündigen zu können, ist die Champions League der Selbstdisziplin.

Kein Ankündigungsweltmeister sein

Hast du das Gefühl, dass Selbstdisziplin richtig schwierig ist? Wenn ja, dann glaube ich, dass du damit falschliegst. Selbstdisziplin funktioniert vielleicht nicht von selbst. Aber wer das auch nicht erwartet, sondern sich stattdessen etwas näher damit beschäftigt, der wird sehr viele seiner Vorhaben umsetzen können.

Selbstdisziplin klappt nicht von selbst.

Ich kenne viele Menschen, die befassen sich mit dem Thema Disziplin nicht näher, sie ärgern sich höchstens über sich selbst. Sie nehmen es hin, dass alles ist, wie es ist. Jeder – du, ich, wir alle – kann an seiner Selbstdisziplin arbeiten. Aber Selbstdisziplin klappt eben nicht automatisch von selbst.

Sie gelingt, wenn wir uns darüber klar werden, wann und wodurch genau wir »schwach werden« und wann und wodurch genau wir wieder neuen Elan bekommen. Wie du dies herausfindest, haben wir oben an meinen Beispielfragen (im Kapitel »Wie funktioniert dieses ›Annehmen‹?«) untersucht. Wenn du mit deinen Erkenntnissen aus diesen Fragen bewusst umgehst und dann entsprechend handelst, wirst du vom Ankündigungsweltmeister zum Umsetzungsweltmeister.

Wenn du hingegen Änderungen nur dir selbst oder anderen ankündigst, ohne dich daran zu halten, wirst du dich selbst immer mehr als schwach wahrnehmen. Andere hören deinen Ankündigungen vielleicht schon gar nicht mehr zu, weil sie wissen, da ist ohnehin nichts dran, das wird eh nichts. Und auch dein eigenes Vertrauen in dich kann sich nicht entwickeln. Selbstdisziplin ist eine der wichtigsten Voraussetzungen für mehr Selbstvertrauen!

Die 7 Selbstvertrauens-Booster der besonders Selbstbewussten

Selbstvertrauen ist das erste Geheimnis des Erfolges.

Ralph Waldo Emerson

Nicht alles bei allen, aber vieles bei vielen

Werfen wir zum zweiten Mal einen Blick auf die »Booster«, jetzt auf die Unterstützer und Förderer beim Thema Selbstvertrauen. Wie tanken die Megaselbstbewussten ihr riesengroßes Selbstvertrauen? Gibt es auch hier auffällige Gemeinsamkeiten? Oder ist bei jedem immer alles anders?

Das Folgende ergibt sich wieder aus meinen Begegnungen und der Zusammenarbeit mit sehr, sehr vielen Menschen, wie ich es weiter oben ja schon näher beschrieben habe. In den nächsten sieben Boostern trage ich die Ursachen zusammen, die ich am häufigsten wahrgenommen habe. Nicht alles bei allen, aber vieles bei vielen.

Bilde dir selbst eine Meinung, in welchen Punkten du dich weiterentwickeln kannst und möchtest. Und unabhängig davon: Ein paar mögliche Wege für mehr Selbstvertrauen schlage ich dir zusätzlich im nächsten Kapitel vor.

Äußerst selbstbewusste Menschen …

1. **… verbinden Punkte aus ihrer Vergangenheit mit dem Blick in die Zukunft.**

   Im Verlauf des Lebens sammelt jeder von uns eine Vielzahl von Erfahrungen. Sie entstehen sowohl im privaten als auch im beruflichen Leben. Manche sind positiv, andere sind das eher weniger. Eines haben aber alle Erfahrungen, Erlebnisse und Lebensabschnitte gemeinsam: Wir können aus ihnen lernen. Sehr selbstbewusste Menschen verbinden ihre Erfahrungen mit einem optimistischen Blick in die Zukunft. Sie sehen in vielem, was sie erlebt haben, einen Sinn und verstehen, dass es diese Erfahrungen sind, die den Menschen letztlich ausmachen.

   Ein schönes Zitat hierzu stammt von Steve Jobs. Er hielt im Juni 2005 eine Rede vor Studenten der Stanford University, die später unter dem Titel »Connecting the dots« sehr bekannt wurde.

   Natürlich war es unmöglich, schon auf dem College die Punkte miteinander zu verbinden. Aber zehn Jahre später, im Rückblick, war alles ganz klar.

*Noch einmal: Man kann die Punkte nicht verbinden, wenn man sie vor sich hat. Die Verbindung ergibt sich erst im Nachhinein. Man muss also darauf vertrauen, dass sich die Punkte irgendwann einmal zusammenfügen. Man muss an etwas glauben – Intuition, Schicksal, Leben, Karma, was immer. Diese Haltung hat mich nie enttäuscht, sie hat mein Leben entscheidend geprägt.**

Mich haben diese und einige andere Reden von Steve Jobs sehr beeindruckt. Sehr selbstbewusste Menschen fügen alle ihre Erfahrungen rückblickend zu einem wirklich einmaligen Gesamtbild zusammen, als eines der maßgebenden Fundamente ihres Selbstvertrauens.

2. ... beginnen Neues, auch wenn der Zeitpunkt nicht perfekt zu sein scheint.

Viele Menschen zögern, bevor sie etwas Neues angehen. Sie warten, bis es perfekt passt. Sie warten auf den besten Moment. Sie warten oft für immer und ewig. Sehr selbstbewusste Menschen dagegen haben Vertrauen, dass etwas gelingen wird. Deshalb fangen sie mutig etwas Neues an, auch wenn nicht klar ist, ob es gelingen wird.

Nach dem Motto »Ein Auto lenkt sich besser, wenn es fährt« lernen sie dadurch sehr viel. Sie sammeln sehr viel mehr Erfahrungen als diejenigen, die ewig zaudern. Sehr selbstbewusste Menschen haben oft eine Art unternehmerischer Ader. Sie unternehmen etwas. Dafür müssen sie beruflich nicht zwingend selbstständig sein. Ihr Selbstvertrauen ist das Ergebnis vieler Erfolge und natürlich auch vieler Versuche, bei denen sie am Ende zumindest etwas dazugelernt haben ...

---

* http://www.ifrick.ch/2011/10/steve-jobs-stanford-rede-als-deutscher-text/ (letzter Zugriff 13.05.2016)

3. … haben ein großes Bild von ihren nächsten Schritten.

Bei den kleinen und großen Vorhaben ist oft eine Vision mit im Spiel. Ich meine hiermit das innere Bild einer Vorstellung von übermorgen, wenn das neue Vorhaben umgesetzt sein wird und so richtig funktioniert. Sehr selbstbewusste Menschen verstehen es, gedanklich zu visualisieren. Sie haben ein Bild von ihrer Zukunft.

Ein hohes Maß an Vorstellungskraft bezüglich der eigenen Ziele lässt sie die einzelnen Schritte dorthin konsequent und planvoll gehen. Während andere zwischendrin die Lust, die innere Motivation verlieren, ist ihnen – geleitet durch ihr Zielbild – das Warum ihrer Bemühungen klar.

4. … leben Disziplin und Verlässlichkeit vor.

Das führt uns auch zum vierten Punkt. Das Dranbleiben, die Verlässlichkeit, ist ein ganz wichtiges Merkmal. Selbst in kleinen Dingen ist Verlass auf sie. Sonst wären die sehr Selbstbewussten von sich selbst enttäuscht. Das sorgt für inneren Antrieb und schafft zugleich eine Vorbildfunktion.

Manchmal überfordern sie aber auch ihre Umwelt; der Spagat zwischen maximaler Disziplin und entspannter Gelassenheit fällt ihnen leicht, nicht jedoch jedem anderen aus ihrem Umfeld. Die Energie, die von einem sehr selbstbewussten Menschen ausgeht, ist für manch einen nicht immer leicht zu ertragen.

5. … sind aber trotzdem nicht verbissen.

So ist dieser fünfte Punkt ein wichtiger Ausgleich. Wer sich maximal vertraut, der erlaubt sich auch mal, »fünf gerade sein zu lassen«. Verbissenheit ist kein guter Begleiter. Auch mal loslassen zu können, fällt ihnen deswegen leicht, weil sie wissen, dass sie jederzeit wieder volle Kraft geben können. Sie sind kein Spielball schwankender Motivation und können deshalb mal Gas rausnehmen, mal Gas geben.

6. ... haben Spaß daran, immer wieder neu ihre Grenzen auszuloten.

Neues zu testen, heißt nichts anderes, als immer wieder auf fremdes Terrain vorzustoßen. Unbekannte Gebiete spornen an und sind ein Feld persönlicher Weiterentwicklung. Deshalb tauchen sehr selbstbewusste Menschen gern tiefer in ihre Themen ein oder sie erschließen sich immer wieder neue.

Das betrifft zum einen die persönliche, zum anderen die berufliche Entwicklung. »Laufend weiter an sich arbeiten« ist wahrscheinlich die beste Bezeichnung für diese Einstellung.

7. ... fragen andere um Hilfe, wenn sie sich nicht sicher sind.

Ein großes Selbstbewusstsein zu haben, bedeutet nicht, alles am besten zu können. Genau das ist falsch und trifft auf die meisten nicht zu. Ganz im Gegenteil. Diese Menschen kennen sich sehr genau, haben wenig Selbstwertprobleme. Stehen zu der eigenen Persönlichkeit wie eine Eins. Und zwar nicht nur zu ihren Stärken, sondern im gleichen Umfang auch zu ihren Schwächen. Deshalb haben sie kein Problem damit, andere um Hilfe zu bitten, wenn diese etwas besser können oder – warum auch immer – für eine Aufgabe geeigneter sind.

Andere um etwas zu bitten, kratzt in keiner Weise an ihrem Selbstwertgefühl, denn sie wissen ja genau, was sie wert sind. Deshalb verlangen sie von sich nicht, alles können zu müssen. Wenn Fähigkeiten nicht im eigenen »Portfolio« zu finden sind, dann ist ein anderer damit eben besser versorgt. Davon profitieren sie, sie lernen etwas dazu. Oder sie entscheiden, dass sie auch nicht alles können müssen und dieses Wissen keinen Mehrwert für sie darstellt. Und kümmern sich um das, was sie selbst am besten können. Sie sind sich ihrer selbst eben bewusst – selbstbewusst.

So weit meine Beobachtungen. Ich habe im Verlauf des Schreibens hierüber mit vielen Menschen gesprochen. Mir ging es dabei auch um die Frage, ob die Beschreibung der enorm Selbstbewussten wirklich hilfreich ist oder manchen nicht sogar etwas demotivieren könnte. Unterm Strich hatten fast alle Gespräche das Resümee: Auch wenn vieles nicht 1 : 1 übertragbar ist, ist es schon interessant, einmal ein Gefühl für die Möglichkeiten zu bekommen. Vielleicht ist ja etwas dabei, was dich zu einem nächsten Schritt inspiriert?

Mir ist aber mindestens genauso wichtig, ein paar ganz konkrete Ideen zu vermitteln, mit denen ich sehr gute Erfahrungen gesammelt habe. Deshalb folgen auch beim Thema Selbstvertrauen jetzt ein paar Ideen für deinen Weg.

Dein Weg zu mehr Selbstvertrauen

Sobald ihr handeln wollt,
müsst ihr die Tür zum Zweifel verschließen.

Friedrich Wilhelm Nietzsche

Welche Wege könnten für dich passen?

Was im letzten Kapitel für dich passte und eine Anregung zum Überdenken und vielleicht sogar Handeln war, kannst nur du entscheiden. Inspiriert von diesen Verhaltensweisen der äußerst Selbstbewussten, die ich aus meinen Erfahrungen aus sehr vielen persönlichen Coachings zusammengetragen habe – und übrigens auch aus meinen Erfahrungen im Umgang mit mir –, habe ich wieder ein paar Vorschläge zusammengestellt, die dich auf deinem Weg zu mehr Selbstvertrauen begleiten können.

Sieben Gedanken folgen. Passt etwas für dich?

1. Trainiere deinen Mut-Muskel!

Vielleicht wärst du manchmal gern viel mutiger. Mut kannst du trainieren. Dafür gibt es verschiedene Möglichkeiten.

Der Mut, den ich meine, ist der Mut, sich etwas Neues zuzutrauen, neuen Entwicklungen gegenüber offen zu sein. Mut haben heißt zugleich, zu sich und seiner Meinung zu stehen. So verlangt Neinsagen einen gewissen Mut. Andere um Unterstützung zu bitten, verlangt Mut. In Workshops seine Ansicht zu äußern und zu vertreten, verlangt Mut. Fremde Menschen einfach so anzusprechen, verlangt Mut.

Vielleicht erscheint es dir geradezu sinnlos, den eigenen Mut trainieren zu wollen. Trainiere dennoch deinen Mut-Muskel! Mit ihm wagst du dich raus aus dem Bekannten. Du erschließt dir neue, noch fremde Gebiete. Mit Mut entwickelst du dich weiter, vor allem aber entwickelst du Selbstvertrauen!

2. Übe Disziplin im Kleinen!

Verlässlichkeit ist eine der Voraussetzungen für Vertrauen, Vertrauen von anderen in dich und ebenso dir selbst gegenüber. Sei deshalb verlässlich. Wenn du dir etwas vornimmst, halte es ein. Suche dir dafür kleine Unterstützer. Das können Erinnerungshelfer oder auch To-do-Listen sein.

Sei kein Ankündigungsweltmeister, sondern werde vielmehr zum Umsetzungsweltmeister. Es gibt zu viele Menschen, die sich immer wieder zu viel vornehmen. Und damit andere, vor allem aber sich selbst enttäuschen. Gehe kleine Schritte, aber gehe sie. Entwickle dich zu einem Menschen, der tut, was er sagt.

3. Visualisiere deine Schritte!

Das mag dir auf den ersten Blick als Kinderkram erscheinen, aber es hat sich vielfach bewährt. Ich kenne viele Konzernlenker, die ihre Projekte visualisiert an einer Wandtafel vor sich haben. Die ein größeres Projekt anschaulich in kleine Projektschritte zerlegt haben. Und dann auf der Tafel die Umsetzungstermine notieren, um sie mit jedem weiteren Schritt »abhaken« zu können.

Daraus ergeben sich zwei Vorteile. Zum einen wächst der Stolz auf sich selbst, diese abgehakten Schritte bereits gegangen zu sein. Die manchmal mühsame Wegstrecke ist sichtbar gemacht. Zum anderen stehen die bevorstehenden Schritte und vor allem das Ziel ständig vor Augen. Verschieben, vergessen, verdrängen – schwer möglich. Und noch ein dritter Vorteil ist vorhanden: Mit zunehmender Wegstrecke wird es immer wahrscheinlicher, dranzubleiben. Wer gibt schon kurz vor dem Ziel auf?

Also: Was irgendwelche Manager können, kannst du auch!

4. Hole dir jemanden an deine Seite!

Eben ging es schon um kleine Helfer bei der Umsetzung. Was spricht dagegen, andere Menschen hinzuzuziehen? Hier gibt es verschiedene Varianten. Die erste, die einfachste: Gehe Vorhaben mit anderen gemeinsam an. Wenn du regelmäßig laufen möchtest, suche dir zwei, drei Menschen, die die gleiche Absicht haben. So könnt ihr manches Motivationsloch ausgleichen, indem ihr euch gegenseitig mitzieht.

Eine zweite Variante wende ich regelmäßig an. Ich informiere andere über meine Vorhaben, statt nur allein zu wissen, was ich plane. Bei diesem Buch habe ich es genauso gemacht. Dadurch werden selbst große Ideen verbindlich. Diese Taktik wird bei mir noch unterstützt durch die Einstellung, niemals ein Schwätzer sein zu wollen. Natürlich entsteht damit auch Druck. Der stört mich aber nicht. Mir hilft er eher.

5. Feiere kleine und große Erfolge!

Sicher, du musst nicht bei jedem erfolgreichen Instagram-Post eine Flasche Moët öffnen. Aber manches Zwischenziel feierlich zu begehen, ist für das Durchhalten hilfreich. Wenn andere Menschen beteiligt sind, für dich da waren und dir geholfen haben, dann beziehe sie mit ein!

Kleine Verschnaufpausen stellen sicher, dass du nicht nur verbissen einem Ziel hinterherhechelst, sondern außerdem auch für dein Wohlgefühl sorgst. Spannung und Entspannung gehören untrennbar zusammen. Dass auf beides geachtet wird, dafür bist du selbst verantwortlich!

6. Reise ab und zu mal in Gedanken in die Zukunft!

Ich habe bereits die Bedeutung von Zielbildern beschrieben. Mancher findet das realitätsfern und seltsam. Für mich ist die gedankliche Reise in die Zukunft sehr wertvoll. Wenn du ein großes Ziel hast, auf das du hinarbeiten möchtest, hole es schon mental zu dir heran. Stelle es dir vor! Empfinde, wie es sich anfühlt. Deine Umsetzungsenergie wird zunehmen, dein Dranbleiben wird wahrscheinlicher.

Vergiss lediglich nicht, neben dieser mentalen Reise zum Zielbild auch diszipliniert die kleinen notwendigen Schritte umzusetzen, die auf dem Weg dorthin anstehen.

7. Schau mit optimistischem Blick in die Zukunft!

Auf deinem Entwicklungsweg bis hin zum heutigen Tag lagen viele Erlebnisse, Erfahrungen und Begegnungen. Es gab schöne Momente, mit Sicherheit auch weniger schöne Momente. Das gehört alles zum Leben dazu.

Was du erlebt hast, macht dich zu dem Menschen, der du heute bist, mit Erfahrungen, die in dieser Zusammenstellung nur du gemacht hast. Diese Einzigartigkeit macht uns alle zu etwas ganz Besonderem, aber nur wenige erkennen dies für sich.

Verbinde auch du die Punkte der Erfahrungen deines bisherigen Lebens und schaue mit positivem Blick nach vorn. Betrachte alle Erfahrungen als einzelne Kapitel im Buch deines Lebens. Und schreibe an diesem Buch, schreibe dein Buch mit wachsendem Selbstvertrauen weiter!

Teil 3

SELBSTLIEBE

Von Achtung und Selbstachtung

Achte dich selbst, wenn du willst,
dass andere dich achten sollen!

Adolph Freiherr Knigge

Warum und wie wir andere achten

Jetzt haben wir uns gemeinsam, ich beim Schreiben, du ganz sicher beim Lesen, sehr viele Gedanken rund um den Selbstwert und um das Selbstvertrauen gemacht. Eines habe ich fast durchgehend außer Acht gelassen. Nicht weil es unbedeutend ist, ganz im Gegenteil. Es ist maßgebend. Deshalb möchte ich mich in diesem dritten Teil ausschließlich diesem Thema widmen. Es geht um die Selbstliebe, deren Grundvoraussetzung die Selbstachtung ist.

Beide, Selbstachtung und Selbstliebe, sind aus meiner Sicht unerlässlich für deinen hohen Selbstwert. Das Wesen der Selbstachtung können wir am besten verstehen, wenn wir sie mit der Achtung vor anderen Menschen vergleichen. Hier ist Respekt der maßgebende Schlüssel.

Menschen, die wir achten, respektieren und schätzen wir. So wie sie sind.

Wir gehen mit Menschen, die wir respektieren, in ganz besonderer Weise um. Wir akzeptieren sie, so wie sie sind. Wir nehmen ihre Stärken und Schwächen an. Wir schützen sie. Schon gar nicht würden wir sie absichtlich mit Worten verletzen oder sie in irgendeiner Weise herabsetzen. Wenn wir sie kritisieren, dann stets nur für eine bestimmte Handlung. Wir stellen sie als Person nicht infrage. Eben weil wir sie respektieren, sie achten. Genau so, wie sie sind.

Und wie achten wir uns?

All das kannst du 1 : 1 auf dich übertragen. Ich mache es für dich einmal an einem Beispiel deutlich. Ich wiederhole dafür den letzten Absatz und übertrage ihn auf dich.

Menschen, die sich achten, respektieren und schätzen sich selbst. So wie sie sind.

Du gehst mit dir in ganz besonderer Weise um, weil du dich respektierst. Du akzeptierst dich, so wie du bist. Du nimmst deine Stärken und deine Schwächen an. Du schützt dich. Schon gar nicht würdest du dich absichtlich mit Worten verletzen oder dich in irgendeiner Weise herabsetzen. Wenn du dich selbst kritisierst, dann stets nur für eine bestimmte Handlung. Du stellst dich nicht als Person infrage. Denn du respektierst dich, du achtest dich. Genau so, wie du bist.

Kam dir das jetzt merkwürdig vor? Viele können dem Absatz, in dem es über die Achtung vor anderen Menschen ging, ausnahmslos zustimmen. Doch der Absatz, in dem es um uns selbst geht, klingt für viele eher seltsam. Er wirft manchmal sogar die Frage nach dem »Warum?« auf.

Das bin doch nur ich!

Wir alle verbringen sehr viel Zeit unseres Lebens damit, die Achtung durch andere Menschen zu erhalten. Aber um Selbstachtung zu gewinnen, dafür investieren wir sehr wenig. Das Wohlwollen, die Wertschätzung, die wir anderen Menschen entgegenbringen, fällt uns im Umgang mit uns selbst schwer. »Das bin doch nur ich!«, denkt mancher. Ja, das bist du! Und du bist derjenige, mit dem du am häufigsten zu tun hast. In deinen Gedanken, in deinen Selbstgesprächen, in deinen Selbstbewertungen kannst du respektvoll und achtsam mit dir umgehen. Oder eben nicht.

Der Scharfrichter in uns, der alles besser weiß, der uns ständig mit unserem schier unerreichbaren Ideal von uns selbst vergleicht, kann uns durchgehend niedermachen. Er kann uns die Laune verderben, er kann uns den Mut nehmen. Er kann unseren Selbstwert sogar gegen null treiben. Oder darunter. Wer sich selbst laufend runtermacht, wer sein eigenes Handeln nie für gut befindet, wer nie einen lobenden Gedanken für sich übrig hat, der braucht wahrhaft keine Subtrahenden von außen. Der erledigt das bereits selbst, der subtrahiert seinen Selbstwert laufend in Eigenregie.

Der Scharfrichter in uns

Irgendwann zu einem früheren Zeitpunkt ist in unseren Gedanken das Bild von einem Menschen entstanden, der wir gern sein möchten. Vielleicht ist es der Mensch, den deine Eltern gern aus dir gemacht hätten. Vielleicht ist es sogar der, den dein Lebenspartner aus dir (immer noch?) machen will. Je weniger du diesem Menschen entsprichst, je mehr dein Handeln von den Wünschen dieses Menschen abweicht, umso mehr bekommt der Nörgler in uns seinen Einsatzbefehl.

Manchmal ist der Nörgler in uns eben ein Scharfrichter. Wenn wir auf ihn hören, machen wir uns damit selbst nieder, fühlen uns nicht in Ordnung. Von Selbstachtung kann da keine Rede sein. Selbstverachtung trifft es besser. Sicher, das klingt jetzt extrem. Aber es lohnt sich, wachsam zu sein.

»Selbstachtung forte« aus der Apotheke – eine morgens und eine abends?

Selbstachtung kann man sich nicht in der Apotheke als »Selbstachtung forte« verschreiben lassen und dann eine Tablette morgens und eine abends nehmen. Selbstachtung beginnt mit der Wahrnehmung, wann der Scharfrichter in uns sein Beil zu schärfen beginnt. Und sicher, dieser Typ klingt seit jeher überzeugend. Dann, nur dann, wenn er in uns mit seiner Bewertungsarie beginnt, können wir bewusst andere, und zwar aufbauende Gedanken forcieren. Das klingt – freundlich ausgedrückt – sicher etwas befremdlich. Doch dass und wie dies funktionieren kann, dazu später mehr.

Pauschale Urteile

Mangelnde Selbstachtung kommt oftmals sehr pauschal daher. Jeder von uns ist die Summe vieler Eigenschaften, vieler Fähigkeiten und Fertigkeiten. Uns gibt es in diversen Bereichen des Lebens; Beruf und Familie sind zwei davon. Generalisierte Urteile, die zum Beispiel nicht zwischen einzelnen Bereichen differenzieren, auch jene uns selbst gegenüber, sind immer infrage zu stellen.

Ich habe vergangenes Jahr bei einer Tagung in Basel eine circa vierzigjährige Frau kennengelernt, die mir am Rande der Veranstaltung erzählte, dass ihr Arbeitsverhältnis zum Quartal endet. Sie kam mit ihrem Chef nicht klar, er mit ihr auch nicht. Sein Umgang mit ihr war grenzwertig, um es mal vorsichtig auszudrücken. Der Weg zur Arbeit hatte für sie tagtäglich etwas Masochistisches.

Gleichzeitig hatte sie vor wenigen Monaten ihr Mann verlassen. Er zog nach 15 Jahren Ehe mit einer 15 Jahre Jüngeren zusammen. Ich unterhielt mich sehr lange mit ihr, erst in einer Pause, dann nochmals nach der Tagung. Der Selbstwert dieser Frau war unter den Gefrierpunkt gerutscht. Ganz unten. Im Gespräch kamen wir auf ihre beiden Kinder zu sprechen, fast ausschließlich von ihr erzogen. Das lief auch nicht immer nur glatt, aber alles in allem konnte sie sehr stolz auf sie sein.

Menschen, die wenig Selbstachtung haben, fokussieren meist auf die Lebensbereiche, in denen sie Defizite sehen. In denen ihr Ideal, also ihr Sollzustand, meilenweit vom erlebten Istwert entfernt liegt. Es gibt aber daneben immer auch andere Lebensbereiche, in denen wir unsere Frau oder unseren Mann stehen, auf die wir sehr stolz sein können.

Behalte die Vielfalt deines Lebens im Blick!

Der jungen Frau tat das Gespräch gut. Es half, ihren aktuellen, sehr verständlichen Tunnelblick etwas zu weiten. Beides – Arbeit weg, Mann weg – war natürlich auch danach in ihrer Gefühlswelt noch sehr dominant. Aber Selbstachtung und Selbstwert stehen immer auf vielen Säulen. Sie stützen sich immer auf mehrere Lebensbereiche. Das ist neben Beruf und Familie zum Beispiel der Freundeskreis, das sind Hobbys, der Sport oder auch Vereinsaktivitäten und Ehrenämter. Und vieles mehr. Auch wenn es mitunter sehr schwerfällt: Es lohnt sich, die Vielfalt des Lebens im Blick zu behalten. Und manchmal ist es hilfreich, einen dieser Bereiche wieder etwas aus der Versenkung zu holen, um jene Bereiche, bei denen gerade etwas im Argen liegt, ein wenig ausgleichen zu können. Ganz wichtig sind dabei unsere Ansprüche. Und die der anderen. Dazu jetzt mehr.

Den eigenen und den Ansprüchen anderer genügen

Das Wasser, das zu rein ist,
hat keine Fische.

Aus dem Zen-Buddhismus

Der tägliche Anspruchshorror

Unsere Lebensbereiche sind vielfältig. Die meisten tanzen tagtäglich auf mehreren Hochzeiten. Und immer wieder wollen wir in allem das Bestmögliche erreichen. Maximale Leistungsorientierung, oft gespeist aus dem Vergleich mit anderen. Selbst einhundert Prozent sind nicht genug. Denn es geht ja immer noch besser.

Erfolg und stete Weiterentwicklung im Beruf, Glück und Zufriedenheit in Partnerschaft und Familie, die allerbesten Voraussetzungen für die Kinder, maximale Gesundheit bei sportlicher Aktivität, ein erfülltes, abwechslungsreiches Sexualleben … und so weiter, und so weiter. Längst nicht vollständig, das perfekte Leben. Da geht noch was.

Um dem allen gerecht zu werden, hätte es bereits in der Unterstufe das Fach »Organisation« im Lehrplan geben sollen. Denn ohne Organisationstalent wird es schon schwer, dem eigenen Perfektionismus, dem, was wir selbst von uns verlangen, zu genügen. Oder bedrängen uns doch mehr die Anforderungen, die andere an uns stellen? Oder sind es gar Anforderungen, von denen wir nur glauben, dass andere sie an uns stellen?

Das Beste zu wollen, ist nicht falsch

Stets das Beste zu wollen, kann nicht falsch sein, keine Frage. Nur sind nach meinen Erfahrungen viele Menschen, die sich überdurchschnittlich engagieren, oft zugleich etwas weniger glücklich. Auch nicht zufrieden. Denn sie schrauben die eigene Erwartungshaltung immer noch ein wenig nach oben, legen die Messlatte immer wieder auf die nächsthöhere Stufe. Und müssen immer wieder zur Hochform auflaufen, um sie nicht zu reißen.

Woher die Ansprüche kommen, die wir an uns stellen, ist sehr unterschiedlich. Oft kommen sie von außen, stammen vielleicht aus frühester Erziehung, aus der Partnerschaft oder aus dem weiteren Umfeld. Jedenfalls haben wir sie irgendwann zu unseren eigenen Ansprüchen gemacht, haben »immer noch besser« als eigene Norm verinnerlicht. Unter dieser war es dann eben nicht perfekt, gab es keinen Grund zur Freude. Und wie die anderen das alles schaffen, weiß man auch nicht. Übrigens, bei Menschen, bei denen der Selbstwert (noch) eher niedrig angesiedelt ist, liegt die eigene Messlatte seltsamerweise besonders hoch.

Die Wurzel von Glück und Zufriedenheit liegt im Boden der eigenen Erwartungen.

Erst wenn uns diese persönliche Erwartungshaltung klar und bewusst wird, können wir daran etwas ändern. Das kann aber jeder nur für sich selbst. Seien wir mit uns nicht so viel strenger als mit allen anderen. Viele Menschen rennen ein Leben lang ihrem Ich-Ideal hinterher. Egal wie gut sie sind, für sie ist es nie gut genug. Es geht immer noch besser. Zufrieden? Selten. Glücklich? Nie. Die Wurzel von Glück und Zufriedenheit liegt im Boden der eigenen Erwartungen.

Neben dem inneren Scharfrichter, der uns ständig kritisiert, uns barsch die Meinung geigt, ist bei vielen noch ein zweiter innerer Kollege aktiv. Es ist der »Mach's-später-Flüsterer«, der uns immer wieder, wenn Ziele viel zu hoch liegen, wenn wir uns schier Unerreichbares vornehmen, zuflüstert: »Lass doch erst mal bleiben.« Der uns mit ruhigen Worten in die Trägheit, ins Nichtstun befördert.

Beide, der Scharfrichter, dem wir nie etwas recht machen, und der Flüsterer, der uns ausbremst und in die Trägheit säuselt, ergänzen sich sogar. Sie arbeiten gemeinsam daran, dass wir am Ende unseren viel zu hohen Ansprüchen nicht gerecht werden.

Erkenntnisse auf dem Weg zu gesunden Ansprüchen

Sofern einiges von dem Gesagten auf dich zutrifft, ist es hilfreich, wenn du gegensteuerst. Und dich dadurch selbst viel besser annehmen kannst. Dabei helfen drei Erkenntnisse, zu denen auch ich erst im Verlauf der letzten Jahre gelangt bin.

Erkenntnis 1
Nicht perfekt ist völlig o.k.

Fehler zu machen, ist etwas Normales, etwas Wichtiges. Denn daran lernst du, daran wächst du. Nicht perfekt zu sein, ist vollkommen normal. Denn deine Persönlichkeit ist nicht gleichzusetzen mit der Summe der Ergebnisse, die du in den Teilbereichen deines Lebens erzielst. So wie du andere unabhängig von ihren Leistungen achtest und wertschätzt, bist auch du unabhängig von perfekten Leistungen wertvoll und einmalig als Mensch.

Erkenntnis 2
Perfektion ist sogar Illusion.

Die Perfektion, der du vielleicht hinterherhechelst, die gibt es gar nicht. Denn alles geht immer noch besser. Außerdem ist Perfektion Energieverschwendung, denn die letzten 20 Prozent des perfekten Ergebnisses kosten überproportional viel Zeit und Aufwand. Das sogenannte Paretoprinzip beschreibt dies sehr anschaulich*. Danach erreicht man mit 20 Prozent des Gesamteinsatzes 80 Prozent des Ergebnisses. Für die letzten 20 Prozent, die für ein hundertprozentiges Ergebnis fehlen, benötigt man dagegen 80 Prozent seiner Kräfte, die für das Projekt zur Verfügung stehen. Fazit: Perfektion ist oftmals völlig ineffizient.

Erkenntnis 3
Unsere Maßstäbe sind oft nicht realistisch.

Häufig haben wir den gesunden Maßstab verloren. Es gibt um uns herum immer Menschen, die in einzelnen Disziplinen des Lebens herausragend sind. An denen messen wir uns dann sehr gern. Der eine hat die absolut glückliche Partnerschaft, die andere einzigartigen beruflichen Erfolg. Der Nächste hat sportliche Fitness und eine Figur, die jedes Zeitschriftencover zieren könnte. Die andere hat Kinder, die schon ab der fünften Klasse auf irgendwelche Spezialschulen gingen und ganz nebenbei im deutschen Nachwuchs-Olympiakader sind. Vielleicht vergleichst du dich immer wieder mit den Überfliegern in jedem Bereich. Dabei gleicht das Leben

---

* www.bing.com/images/search?q=pareto+prinzip&qpvt=pareto+prinzip&qpvt=pareto+prinzip&qpvt=pareto+prinzip&FORM=IGRE

vielmehr einem Zehnkampf statt einer Einzeldisziplin. Wobei mir im letzten Satz die Silbe »Kampf« so gar nicht gefällt. Ich lasse es trotzdem mal so stehen. Du verstehst ganz sicher, was ich damit sagen will.

Gelassenheit ist ein schöner Anspruch

All den Ansprüchen, die du an dich stellst und die andere an dich stellen, kannst du wahrscheinlich nie gerecht werden. Schon gar nicht, wenn diese im Verlauf der Zeit sogar noch steigen. Deswegen passt die Silbe »Kampf« wirklich nicht so gut, eher ist etwas mehr Gelassenheit ein schöner, neuer Anspruch an jeden von uns.

Um nicht missverstanden zu werden: Ich möchte kein Plädoyer für Mittelmäßigkeit halten. Sehr hohe eigene Ansprüche sind im Beruf oder auch im Sport oft der Ausgangspunkt von Spitzenergebnissen. Diese gäbe es ohne Talent, ohne Fleiß und ohne die eigenen hohen Ansprüche gar nicht.

Renne einem Ziel nicht aus Gewohnheit hinterher, wenn es längst nicht mehr deines ist.

Wenn es aber einen Lebensbereich gibt, den du zeitweise ganz nach oben setzt und in deinen Fokus nimmst, dann muss es auch Bereiche geben dürfen, die aus deiner Konzentration wieder etwas herausfallen. Es geht also weniger um generelle Mittelmäßigkeit, es geht um Verhältnismäßigkeit. Und egal, wo und wofür du dich engagierst oder auch ganz besonders engagierst: Überprüfe regelmäßig deine eigenen Ziele. Sind sie realistisch? Sind es noch deine? Oder rennst du einem Idealzustand hinterher, der schlicht nicht deiner ist, der einfach nicht (mehr) zu dir passt? Die Antwort auf diese Fragen kann zu einer sehr klugen Erkenntnis führen, die dir hilft, etwas gelassener zu werden.

Der Scharfrichter in uns, der nie zufrieden ist, der an allem rumnörgelt, ist das personifizierte Gegenteil von Gelassenheit. Denn er erklärt dir, dass es nicht genügt, was du wieder so fabriziert hast. Er sagt dir, dass *du* nicht genügst. Wenn du lernst, etwas gelassener zu sein, hörst du dem Scharfrichter weniger zu, stattdessen bist du toleranter gegenüber dir und anderen.

Selbstlob stinkt nicht!

Zu übersehen, worauf wir stolz sein können, die Selbstachtung ausschließlich an nahezu nicht erreichbaren Ansprüchen festzumachen, ist schade. Vielleicht hast du irgendwann schon mal »Selbstlob stinkt!« gehört? Das ist falsch. Abgesehen von dem Selbstwertextrem, das sich in Arroganz ausdrückt, ist sich selbst zu loben etwas sehr, sehr Wichtiges.

Es tut einfach gut, auf alles, was man erreicht hat, stolz zu sein, sich dieses Gefühl zu erlauben. Denn es gibt bei jedem Menschen eine Menge Gründe dafür, stolz sein zu können. Bei jedem Menschen, auch bei dir!

Aus innerer Einstellung wird äußere Wirkung

Sei eine erstklassige Ausgabe deiner selbst, keine zweitklassige von jemand anderem.

Judy Garland

Nichts ist ohne Wirkung

Ob und wie sehr wir uns selbst vertrauen, ob und wie wir uns selbst achten, können andere sehen. Unsere innere Einstellung wird oftmals in unserer Wirkung auf andere sichtbar. Aber wie genau funktioniert das? Wie und was wirkt auf andere? Und ganz wichtig: Sollte uns das egal sein?

Diese Fragen zu beantworten, ist gar nicht so einfach. Denn je selbstbewusster du bist, umso weniger achtest du bewusst auf deine Wirkung. Du bist einfach du. Ganz selbstverständlich und authentisch, ganz natürlich und echt. Das ist gut so.

Achte auf dich. Denn du wirkst auf andere, vor allem aber auf dich selbst.

Bist du jedoch nicht sehr selbstbewusst, kann ein anderer das häufig spüren. Man erkennt es an verschiedenen Kleinigkeiten. Sie verwandeln deine innere Einstellung zu einer äußeren Wirkung. Deswegen sollte dir deine Wirkung auf andere nicht egal, sondern bewusst sein. Aber nicht, damit du dich künftig verstellst, verkleidest oder damit beginnst, eine Rolle zu spielen. Es geht nicht darum, dass du irgendeine Show abziehst, dich als jemand anders ausgibst, als du eigentlich bist. Es geht vielmehr darum, dass du etwas auf dich achtest und damit zugleich auch Selbstwert, Selbstvertrauen und Selbstachtung dokumentierst. Indem du das tust, wirkt das Ganze zugleich auf dich zurück. Vielleicht nicht sofort, aber du wirst es spüren.

Die folgenden Punkte trage ich aus meinen eigenen Erlebnissen und aus der Beratung und Begleitung sehr vieler Menschen zusammen. Nicht alles passt auf jeden. Nimm dir wieder nur das heraus, womit du dich wohlfühlst, und ignoriere den Rest.

Aussehen und Kleidung

Die innere Einstellung zeigt sich bereits morgens im Bad. Es ist die Zeit, in der du dich auf den Tag vorbereitest, dich putzt und hübsch machst. Eitle Sache, mag man denken. Wichtige Sache, denke dagegen ich. Denn mit diesem morgendlichen Ritual achtest du auf dich und auf dein Aussehen. Weil es dir wichtig ist, weil du dir wichtig bist.

Auf deine Kleidung trifft das gleichermaßen zu. Du kennst sicher die Momente, in denen du dich völlig falsch gekleidet fühlst. Oder in denen du etwas trägst, was dir großes Unwohlsein bereitet. Auch hier lohnt es sich, bewusster zu sein, weil dir dein Wohlgefühl etwas wert ist. Was genau dazu nötig ist, kannst nur du entscheiden.

Augen und Blickkontakt

An den Augen erkennt man selbstbewusste Menschen am leichtesten. Denn sie suchen den Blickkontakt zu anderen. Genau das fällt vielen Menschen normalerweise sehr schwer. Wenn ihre Augen den Augen eines anderen begegnen, schauen sie wie ertappt, wie beschämt weg. Das wirkt sehr unsicher. Schon beim Flirten ist der Augenkontakt das Wichtigste. Sie verleihen dir und deiner Persönlichkeit beim Gegenüber den Anschein von Stabilität und Sicherheit.

Wenn du im Verlauf der nächsten Monate einzelne Vorschläge aus diesem Buch austestest, wenn du schrittweise immer selbstsicherer wirst, beziehe mehr und mehr deinen Blick in deine Übungen ein und zeige mit direktem Augenkontakt, dass du zu dem, was du sagst, stehst. Damit dokumentierst, damit schenkst du deinem Gesprächspartner maximale Aufmerksamkeit. Man kann dies wirklich trainieren. Wenn es dir schwerfällt, schau deinem Gesprächspartner zunächst genau zwischen die Augen. Das ist leichter und doch wendest du dich dem anderen hundertprozentig zu. Nach und nach kannst du es immer öfter mit dem direkten Augenkontakt versuchen.

Also, schau den Menschen, wenn du mit ihnen redest, in die Augen. Allen.

Ausstrahlung und Lächeln

Wenn du dir die schwierige Übung des Augenkontakts verordnet hast, kannst du gleich noch üben, dabei zu lächeln. Mit Lächeln demonstrierst du Zufriedenheit mit dir und mit der Situation. Du bist gelassen und mit dir im Reinen. Deine Ausstrahlung wird dadurch gleich eine besonders positive.

Mit Lächeln meine ich kein verkrampftes Grinsgesicht. Ich meine das zufriedene In-sich-hinein-Lächeln. Und auch wenn dir gerade überhaupt nicht nach Lächeln zumute sein sollte. Du wirst sehen, lächeln wirkt dennoch auch nach innen. Nach außen sowieso.

Sprache und Small Talk

Für manche ist es eine Kleinigkeit, für andere ein Graus. Die richtigen Worte finden zu wollen, lähmt das eigene Sprachzentrum. Dabei gibt es die richtigen Worte gar nicht. Ein kleiner Kunstgriff ist, den anderen sprechen zu lassen, ihn durch eine kleine Frage dazu zu animieren. Danach fragst du noch mal nach; und noch mal und noch mal. Dein Gegenüber wird hinterher das Gespräch mit dir als ein sehr angenehmes und wertvolles in seiner Erinnerung behalten, denn er hatte mehr Redezeit. Er hat sich also bestens unterhalten. Seltsam, aber wahr.

Als Einstieg sind wieder Lächeln und Blickkontakt am besten geeignet, beides vermittelt Aufgeschlossenheit und Selbstsicherheit. Wenn es ein längerer Small Talk war – also nicht der im Lift, sondern zum Beispiel in der Pause einer Veranstaltung –, kann man das Ende mit einem kurzen, wertschätzenden Dankeschön verschönern. *»War richtig angenehm, mit Ihnen zu sprechen. Danke!«*

Gesundheit und Fitness

So wie das morgendliche Ritual dokumentiert, wie sehr man sich selbst schätzt, ist auch das Gesunderhalten ein Ausdruck von Selbstachtung. Damit meine ich kein Fitnessstudio-Hardcore-Programm auf dem Weg zum ultimativen Sixpack, von dem in bestimmten Zeitschriften immer wieder zu lesen ist. Ich spreche davon, dass man auf sich achtet, sich nicht gehen lässt, sondern stattdessen dafür sorgt, dass man sich im eigenen Körper wirklich wohl- und gesund fühlt.

Mit wie viel regelmäßiger Bewegung das verbunden ist, muss jeder eigenverantwortlich für sich selbst entscheiden. Ich kenne viele Menschen (ich gehöre dazu), die machen gar nicht regelmäßig

Sport, sind aber dennoch durch ihren Beruf derart in Bewegung, dass ihnen nichts fehlt. Wenn sich das mal ändert, sollten auch sie bewusst auf sich achten.

Wir wirken auf andere, vor allem aber auf uns

Indem du auf dich achtest, wirkst du nicht nur auf andere, sondern vor allem wirkst du auf dich selbst. Darum geht es. Mehr und mehr wird diese Achtsamkeit zur Selbstverständlichkeit, die wiederum Selbstbewusstsein entstehen und wachsen lässt. Deine Wirkung ist authentisch, ist echter Ausdruck von dir selbst.

Seien wir achtsam mit uns! Sei du achtsam mit dir. Im gleichen Maße, in dem du anderen Menschen Achtung entgegenbringst. Achten wir uns! Lieben wir uns … im nächsten Kapitel!

Andere und sich selbst lieben – wie geht das?

Je mehr man liebt,
umso tätiger wird man sein.
Vincent van Gogh

Ein mögliches Missverständnis vorab

Ich gebe zu, dieses Kapitel fällt mir am schwersten. Denn es kann sehr viele Missverständnisse hervorrufen. Deshalb gleich vorab: Sich selbst anzunehmen, zu lieben, hat weder etwas mit Eitelkeit noch mit Hochnäsigkeit zu tun. Sich selbst anzunehmen, sich selbst zu mögen, ist weder unmoralisch noch hochmütig. Schon gar nicht ist es krankhaft. Es ist auch nicht egoistisch.

Wie bei allem anderen wird aber eine Stärke, die überzogen wird, zur Schwäche. So kann Ordnungsliebe zur Pedanterie führen, kann Sauberkeit zum Waschzwang führen. (O.k., vielleicht in Bezug auf die Selbstliebe etwas unpassende Beispiele …) Und genau so kann eben auch Selbstliebe zu unangenehmer Selbstherrlichkeit führen.

Es geht also nicht darum, selbst etwas Besseres zu sein. Schon gar nicht geht es darum, andere kleinzumachen und auf sie herabzuschauen. Und es geht auch nicht darum, völlig unkritisch sich selbst gegenüberzustehen und zu meinen, man wäre der Einzige, der die Dinge richtig sieht, der alles richtig macht. Wer so denkt, stellt sich über die anderen. Und nährt damit den Verdacht, dass er oder sie sich wahrscheinlich doch nicht so richtig mag. Denn wer sich mag, wer sich liebt, der braucht andere nicht abzuwerten.

Wie funktioniert »Sich-selbst-gern-Haben«?

In einem der vorherigen Kapitel ging es sowohl um Stärken als auch um Schwächen. Sich selbst zu mögen heißt zuerst einmal, sich bedingungslos anzunehmen. So wie Eltern ihr Kind (hoffentlich) annehmen, und zwar mit all seinen Stärken und Schwächen.

Sich selbst mögen =
sich annehmen + sehr gut dabei fühlen

Annehmen kann aber auch notgedrungen geschehen. Dann wird Annehmen Hinnehmen. So wie wir (wahrscheinlich) auch irgendwann akzeptiert haben, am Jahresende eine Steuererklärung abgeben zu sollen. Wir müssen es. Müssen bedeutet aber nicht zwingend mögen. Doch genau dies ist die zweite Voraussetzung für das »Sich-selbst-gern-Haben«. Wir sollten uns akzeptieren – nicht weil uns nichts anderes übrig bleibt, sondern weil wir uns mögen, weil wir ein gutes Gefühl dabei haben. Wir nehmen uns an, sind einverstanden mit uns, und wir spüren, es ist gut. Es ist ein angenehmes, es ist ein wohliges Gefühl. Wir mögen uns …

Wer sich selbst mag, der behandelt sich wie alle anderen, die er sehr mag. Liebe Freunde behandelt man einfach gut. Wie oben im Kapitel über Achtung und Selbstachtung beschrieben, verletzt man sie nicht, man sorgt sich vielmehr um sie. Man zeigt Rücksicht, man akzeptiert Schwächen. Und auch wenn der sehr gute Freund einmal vollkommen ungewohnt reagiert, versucht man ihn zu verstehen.

Sich lieben heißt nicht selbstverliebt

Sich selbst zu mögen, ist eine wichtige Voraussetzung, um seinen Selbstwert zu entwickeln und zu steigern. Wir strahlen letztlich unser Verhältnis zu uns aus. Andere spüren, wenn wir uns nicht annehmen.

Selbstliebe heißt nicht Selbstherrlichkeit.

Es besteht aber ein sehr großer Unterschied zwischen Selbstliebe und der Liebe eines Narzissten, der selbstverliebt nur Augen für sich selbst hat, der andere übersieht, der sich als Nabel der Welt fühlt. Während Menschen, die in gesunder Form sich selbst mögen und lieben, andere ebenso annehmen können, nimmt der selbstverliebte Gockel andere nicht einmal wahr. Er ist das Zentrum, alles hat sich um ihn zu drehen. Die Stärke der Selbstliebe mutierte zur Selbstherrlichkeit. Ich glaube, du verstehst, was ich meine. Solche selbstverliebten Typen braucht kein Mensch.

Die normale Skepsis gegenüber der Selbstliebe

Einer der letzten Absätze endete mit »Wir mögen uns …«. Viele werden das lesen und denken: »Das fühlt sich irgendwie seltsam an.« Etwas in uns wehrt sich vielleicht. »Ich mag mich!« Das klingt schon komisch. Ungewohnt. Kann, darf man sich mögen? Ist der

Grat, der uns vom selbstverliebten Affen trennt, nicht doch viel zu schmal?

Wenn du so denkst, zählst du wahrscheinlich zur Mehrheit. Deshalb möchte ich dich mit der folgenden Aufzählung der Vorteile, die die Selbstliebe bietet, zu überzeugen versuchen. Wenn du nichts seltsam an der Selbstliebe findest, wirst du vielleicht einiges wiedererkennen.

1. Vorteil
Sich selbst lieben macht interessant und attraktiv.

Menschen, die sich selbst mögen, sind sehr viel ausgeglichener als andere. Diese Menschen müssen keine Rolle spielen, sie müssen sich nicht verstellen. Dadurch wirken sie offen. Sie wirken stark und anziehend auf andere. Wer sich mag, hat schlichtweg eine andere Ausstrahlung.

2. Vorteil
Sich selbst lieben schafft Vertrauen, zu sich und von anderen.

Dem Thema Selbstvertrauen habe ich mich ja bereits in einem eigenen Teil des Buchs gewidmet. Deshalb darf ich hier zusammenfassen: Wer sich mag, der vertraut sich auch. Dieses Selbstvertrauen spüren andere. Und wenn du dir selbst vertraust, vertrauen dir auch andere. Leider gilt übrigens auch: Wenn nicht, dann nicht.

3. Vorteil
Sich selbst lieben macht unabhängig.

Wer sich mag, benötigt weniger Zuwendung von anderen. Das heißt nicht, dass wir diese Zuwendung nicht genauso mögen. Wenn sie aber ausbleibt, dann geht es uns trotzdem gut. Das macht uns unabhängig und stabil, wir sind besser gerüstet für die Schwankungen des Lebens.

Und noch ein paar mögliche Folgen

Es kann darüber hinaus noch ein paar weitere Konsequenzen haben, wenn du dich wohlwollend auf dich einlässt. Denn wer sich mag, mit allen Ecken und Kanten, Stärken und Schwächen, der ist auch bei anderen nicht so streng. Wer sich selbst liebt, der lässt sich eher auf andere ein.

Emotionale Stabilität stärkt die Beharrlichkeit.

Wer sich selbst liebt, kann mehr geben, kann anderen leichter seine Liebe schenken. Das zuvor in den oben genannten Vorteilen und weiter oben im zweiten Teil beschriebene Selbstvertrauen macht mutiger. Entscheidungen fallen dir leichter. Durch die höhere emotionale Stabilität lässt du dich, wenn du einmal deinen Weg gehst, nicht so leicht verunsichern, bleibst an deinen Projekten länger dran. Dies wiederum lässt dich oftmals auch erfolgreicher sein.

Die 7 Selbstliebe-Booster der besonders Selbstbewussten

»Lohnt es sich denn?«, fragt der Kopf.
»Nein, aber es tut so gut!«, antwortet das Herz.
Unbekannt

Sich selbst liebend, nicht selbstverliebt

Lohnt es sich, sich damit zu beschäftigen, in welcher Art und Weise sich äußerst selbstbewusste Menschen besonders achten, mögen, lieben? Oder kommen wir dabei doch nur ganz schnell zu den unangenehmen selbstverliebten Typen? Entscheide selbst!

Bei den Themen Selbstachtung und Selbstliebe sind es eher einfache Dinge, die den Unterschied machen. Und vielleicht kommt dir deswegen das, was jetzt folgt, manchmal seltsam oder banal vor.

Ganz wichtig noch vorab: Was ich nun beschreibe, trifft nicht unisono auf alle und jeden zu. Mancher macht es so, andere gehen ganz anders vor. Meine Erfahrungen beruhen auf Beobachtungen, auf sehr vielen Gesprächen. Es sind auf diesem Wege über die Jahre zusammengetragene Erkenntnisse aus Beruf und Privatleben, die keinen Anspruch auf Allgemeingültigkeit erheben. Doch vielleicht erkennst du ja den einen oder anderen aus deinem Umfeld wieder?

Äußerst selbstbewusste Menschen …

1. … sprechen wertschätzend mit sich selbst.

Bisher habe ich den inneren, kritisierenden Nörgler in der Regel Scharfrichter genannt. Er macht die noch wenig Selbstbewussten klein. Das Sprechen mit sich selbst, das Sich-selbst-Bewerten, gehen äußerst Selbstbewusste ganz anders an. Sie sprechen ebenfalls mit sich, aber sie tun es sehr wertschätzend. Um es greifbarer zu machen: Es handelt sich nach Aussage mehrerer von mir Befragter um Selbstgespräche, in Gedanken, aber auch durchaus schon mal laut und deutlich, zum Beispiel dieser Art: *»Das hast du doch mal wieder richtig gut gemacht!«* Eine solche innere Stimme ermutigt, sie baut auf, sie motiviert.

2. … stehen auch anderen gegenüber offen zu sich.

Eventuell klingt der erste Punkt nach Selbstgesprächen nur im stillen Kämmerlein. Aber weit gefehlt. Auch wenn andere dabei sind, haben sehr Selbstbewusste kein Problem damit, zu sich zu stehen. *»Na, das ist mir doch gut gelungen, oder?«*, so kann das klingen. Letztlich holen sie sich so auch etwas Bestätigung. Aber weniger, weil sie es dringend benötigen, sondern vielmehr, weil die innere Stimme voll Überzeugung eben so gesprochen hat. Laut und an Dritte adressiert. Andere würden das kaum sagen, oft aus Angst, überheblich zu klingen. Und sich dann wieder die stille Kritik und Unzufriedenheit des eigenen Scharfrichters anhören zu müssen.

3. … belohnen sich regelmäßig.

Wer mit sich zufrieden war, kann sich das auch mal zeigen. Wie weiter oben schon geschrieben: Gleichgewicht entsteht, wenn es neben Zeiten der Anspannung auch Zeiten der Entspannung gibt. Sich selbst zu belohnen, ist zugleich Ausdruck des eigenen Selbstwertes. Außerdem dienen solche Pausen dem Energieaufbau, dem neuen Kraftschöpfen. Das Haushalten mit den eigenen Reserven ist ein wichtiger Erfolgsfaktor. »Weil ich es mir wert bin!«, sicher kennst du diesen Spruch. Sehr Selbstbewusste sind es sich wert.

4. … sind auf sich und auf Geleistetes stolz.

Sehr selbstbewusste Menschen schauen nicht nur gern und mutig nach vorn. Sie blicken ebenso gern zurück. Und sehen mit Stolz, was sie können und bisher erreicht haben. Diese Sicht ist natürlich immer subjektiv. Aber den Fokus auf die kleinen und vielleicht sogar auf die großen Erfolge zu richten, das haben sie raus. Manche führen sogar ein Tagebuch eigener Erfolge und nehmen es zur Hand und lesen darin, wenn es mal nicht so läuft und sie eine kleine moralische Unterstützung brauchen.

5. … sind bereit und in der Lage, eigene Ziele anzupassen.

Über die Machbarkeit von Zielen und über die Ansprüche an sich selbst habe ich in einem der letzten Kapitel bereits geschrieben. Wer sich selbst die Latte immer wieder viel zu hoch legt, scheint zwar extrem ehrgeizig zu sein, wird aber erst sehr spät, wenn überhaupt, Erfolg haben. Deshalb sind laufend viele kleine Erfolge viel wichtiger als ein einziger großer Erfolg in (vielleicht) zehn Jahren. Sehr selbstbewusste Menschen haben sicher große Ziele vor Augen, gehen aber in kleinen Schritten vor. Sie sind auch mal bereit, zwischenzeitlich ihre Ziele anzupassen, wenn etwas nicht (mehr) realistisch ist. Damit schonen sie sich selbst. Und können zudem einmal mehr einen Belohnungsstopp einlegen. Für die einen ist das Selbstbetrug. Für die anderen ist es eine kleine Motivationsspritze, mit der sie ihr Dranbleiben sichern.

6. … gehen unverkrampft mit sich und mit anderen um.

Mancher mag aus dem letzten Absatz herausgelesen haben, dass die äußerst Selbstbewussten nicht stur ihren Zielen hinterherlaufen. Sie wissen mit sich umzugehen, sind unverkrampft mit sich und anderen. Diese Lockerheit ist in den meisten Fällen spürbar. Selbstachtung und Liebe zu sich, das Sich-angenommen-Haben, bewirken, dass nichts mehr bewiesen werden muss. Toleranz gegenüber der eigenen Person mitsamt den eigenen kleinen und größeren Schwächen sowie auch Toleranz gegenüber anderen sind die Folge. Sie sind unverkrampft einfach sie selbst.

7. … sind bereit, Liebe zu geben.

Wer sich nicht selbst liebt, sich nicht selbst angenommen hat, beschäftigt sich oft noch sehr viel mit sich selbst und kann sich deshalb eventuell weniger auf andere einlassen. Das trifft auf die sehr selbstbewussten Menschen seltener zu. Sie müssen nicht mehr in solchem Maße Energie und Zeit dafür aufwenden, sich selbst lieben zu können, und haben deshalb mehr Kapazitäten, sich auch mit anderen Menschen zu beschäftigen. Und weil sie schon wissen, wie man sich selbst liebt, sind sie vielleicht auch eher bereit, andere anzunehmen und zu lieben, so wie sie sind.

Dein Weg zu mehr Selbstliebe

Glück ist Selbstgenügsamkeit.
Aristoteles

Sieben Ideen für dich

Es ist so wie schon bei den Themen Selbstwert und Selbstvertrauen: Einfach die Topselbstbewussten kopieren wird vermutlich nicht ohne Weiteres klappen. Auch und gerade bei der Selbstliebe geht es um einen Prozess langsamen Wachstums.

Bei den nachfolgenden kleinen Ideen bitte ich dich wieder um deine selektive Wahrnehmung. Dein Weg, mehr Selbstliebe zu entwickeln, besteht aus vielen kleinen Schritten, die zu gehen sich unbedingt lohnt. Entscheide, was für dich passt. Teste aus, was sich wie anfühlt.

1. Zeige deinem Scharfrichter die Rote Karte!

Bei vielen ist er wie ein Stehaufmännchen. Der innere Nörgler, der zurechtweist, der runterzieht, dem nichts gut genug ist. Mit ihm maßvoll umzugehen – ohne natürlich die wertvolle Fähigkeit zur angemessenen Selbstkritik zu verlieren –, ist die anspruchsvollste Aufgabe. Eine Variante ist, dass du ihm ein »inneres Gegenüber« vorsetzt. Wenn du schon in Gedanken oder vielleicht auch laut Selbstgespräche führst, kann genauso gut noch ein zweiter innerer Kollege dabei sein. Den einen habe ich Scharfrichter genannt, der andere ist vielleicht dein Personal Coach, dein Unterstützer, dein Helfer.

Wenn der Scharfrichter wieder was zu melden hat, lass deinen Personal Coach darauf antworten: »Da liegst du falsch, das sehe ich anders.« Auch wenn es anfangs komisch sein mag – vielleicht bemerkst du nach einiger Zeit, dass sich dein Personal Coach immer öfter zuerst meldet, dass der Scharfrichter gar nicht erst zu Wort kommt. Dass es sich von Anfang an allein um deine Gedankenwelt und deine Handlungen dreht statt um die Frage, ob andere vielleicht irgendetwas besser machen und dein Handeln und Denken nicht gut genug sein könnte. Diesen Prozess musst du anfangs und oftmals auch für längere Zeit bewusst in die Wege leiten. Denn deine Gewohnheit, dein innerer Mechanismus, der deinen Kritiker auf den Plan ruft, ist ja nicht erst seit drei Tagen, sondern schon über Jahre eingespielt, sodass es eine Weile dauern kann, bis dieser Mechanismus geknackt ist.

2. Lege dir einen »Aufbauhelfer« zu!

Nicht nur in solchen Situationen, in denen du dich bewertest, sondern ganz grundsätzlich empfehle ich dir, auf deine Gedanken zu achten. Ständiges Grübeln und Sich-infrage-Stellen kann sich verselbstständigen. Wenn du dazu neigst, entwickle ein Alternativprogramm. Gibt es frühere Erfolge, die dich aufbauen? Gibt es Lebensbereiche, die dir immer wieder guttun?

Vielleicht schaffst du dir über Jahre kleine Motivationshelfer an.

Es könnte eine kleine Bildergalerie in deiner Leseecke oder auch ein Momente-des-Gelingens-Tagebuch sein, das du zunächst rückwirkend erstellst und dann fortschreibst. Oder es ist eine kleine, selbst ablaufende Bildergalerie auf deinem Laptop, die du mit schöner Musik im Hintergrund eingerichtet hast. In dieser Bildergalerie geht es um dich. Nur um dich.

3. Liebe auch deine Schwächen!

Beginne, ein entspanntes Verhältnis zu deinen Schwächen zu entwickeln. Sprich darüber, entschärfe dadurch deine Handicaps. Wer seine Schwächen nicht verbergen muss, zeigt anderen, dass er sie angenommen hat, dass er damit enorm gut zu leben versteht. Anfangs fällt das schwer, später nicht mehr. Denn du kennst auch deine Stärken. Und beides zusammen macht dich einmalig, macht dich sympathisch, menschlich und nahbar. Es macht dich liebenswert.

4. Lobe dich selbst!

Du kommst besser voran, indem du immer wieder mal Bestätigung bekommst. Manchmal kommt sie von außen, aber das ist nicht planbar. Mach dich davon unabhängig. Lobe dich deshalb besser selbst. Sage dir: »Das war jetzt mal wieder so richtig einmalig!«

Mach nicht den Fehler, deine kleinen Erfolge für selbstverständlich zu halten und nur die Missgeschicke als erwähnenswert zu betrachten. So gehen übrigens in nicht ganz so professionellen Firmen manchmal die Chefs vor. Ein Westfale sagte mir mal als Kurzbeschreibung seiner Mitarbeiterführung: »Nicht angeschissen ist gelobt genug.« Na dann …

5. Gehe mit kleinen Schritten!

Erwarte von dir nicht zu viel in zu kurzer Zeit. Wie bereits zu Beginn des Buches erwähnt: Ich habe die Weisheit nicht mit Löffeln gefressen. Ich bin kein Psychologe, der tief im Inneren gräbt und dadurch zu seinen Erkenntnissen kommt. Ich bin aber felsenfest davon überzeugt, dass die Entwicklung von Selbstwert, Selbstliebe und Selbstbewusstsein eine willentliche Entscheidung ist, die jeder für sich selbst treffen kann.

Jeder hat die Möglichkeit, nicht nur zurück-, sondern vor allem auch nach vorn zu schauen. Es ist lediglich wichtig, bewusst langsam zu gehen. Je nachdem, wie alt du heute bist, kannst du nicht erwarten, innerhalb von zwei Wochen nach Lesen dieses Buchs ein anderer Mensch zu sein. Und das solltest du auch nicht. Denn bereits heute bist du, so wie du bist, etwas ganz Besonderes. Und am kleinen Rest sich entwickelnden Selbstbewusstseins kannst du arbeiten. Langsam.

6. Senke deine Ansprüche an dich selbst!

Sicher, das klingt seltsam. Sehr seltsam. Denn es muss doch immer noch besser gehen, oder? Zudem stand doch hier im Buch weiter oben, dass Selbstvertrauen entsteht, wenn du dir immer wieder mutig Neues zutraust. Ja, all das stimmt auch.

Wer aber seine Messlatte stets zu hoch legt, wer immer bei sich selbst das Haar in der Suppe sucht, ist sich selbst nie gut genug. Deshalb sind es, wie eben schon erwähnt, die kleinen Schritte, die am besten geeignet sind. Deshalb darf auch mal etwas schiefgehen oder nicht ganz hundertprozentig gelingen. Von sich selbst etwas zu verlangen, ist goldrichtig. Immer wieder mutig den nächsten Schritt zu gehen, ist ebenso richtig. Von sich selbst aber laufend zu viel zu verlangen, führt nur zu Enttäuschungen. Freu dich über kleine Schritte, sei stolz auf sie. Sei stolz auf dich!

7. Lächle dich fröhlich!

Und noch ein letzter Vorschlag, wie du dich zum Lächeln verführen kannst. Mit meiner großen Tochter Marie Luise diskutiere ich immer wieder mal darüber, wie man sich selbst in positive Stimmung versetzen kann. Ich habe ihr vor einigen Jahren erzählt, dass ich mich ein paar Minuten vor jedem Vortrag, den ich halte, egal ob vor 50 oder vor 2000 Menschen, eine kurze Zeit lang hinter der Bühne »einlächle«. Das hatte ich vorher noch niemandem verraten und während des Erzählens empfand ich es selbst als ziemlich komisch, fast lächerlich. Das ist aber nun mal mein Ritual.

Jetzt mache ich meine Macke hiermit öffentlich und empfehle sie dir. Lächle auch du, bevor du etwas Wichtiges angehst. Während du lächelst, fragt sich dein Inneres: Was gibt es hier zu lachen? Ob es eine Antwort darauf findet oder nicht – sicherheitshalber lacht es einfach mit. Irgendwann nimmst du wahr: »Ich bin in guter Stimmung!« Und beamst dich damit erst recht in richtig gute Stimmung. Sicher können Profis viel besser erklären, welche Reaktionen dabei im Gehirn ablaufen. Ich weiß es nicht, es ist mir auch egal. Es funktioniert. Versuche es doch jetzt gleich einmal. Klappt's?

Das waren meine sieben Gedanken für deinen Weg zu mehr Selbstliebe. Vielleicht testest du – immer mal wieder – den ein oder anderen aus?

Zum Abschluss

Abschließen möchte ich diesen Teil mit einem Schauspieler, den du ganz sicher kennst. Er hat zu seinem 70. Geburtstag, am 16. April 1959, ein paar Zeilen vorgetragen. Ich finde sie sehr bewegend. Ob du sie bereits kennst oder noch nicht: Es lohnt sich sehr, diese abschließenden Zeilen zum Teil Selbstliebe langsam und bewusst zu lesen.

Selbstliebe

Als ich mich selbst zu lieben begann, erkannte ich, dass Seelenschmerz und emotionales Leiden nur Warnzeichen sind dafür, dass ich entgegen meiner eigenen Wahrheit lebe. Heute weiß ich, das ist *Authentizität*.

Als ich mich selbst zu lieben begann, verstand ich, wie sehr es jemanden beeinträchtigen kann, wenn ich versuche, diesem Menschen meine Wünsche aufzuzwingen, auch wenn ich eigentlich weiß, dass der Zeitpunkt nicht stimmt und dieser Mensch nicht dazu bereit ist – und das gilt auch, wenn dieser Mensch ich selber bin. Heute nenne ich das *Respekt*.

Als ich mich selbst zu lieben begann, hörte ich auf, mich nach einem anderen Leben zu sehnen, und ich konnte sehen, dass alles, was mich umgibt, mich einlädt zu wachsen. Heute nenne ich dies *Reife*.

Als ich mich selbst zu lieben begann, verstand ich, dass ich mich in allen Umständen stets zur rechten Zeit am richtigen Ort befinde und alles genau zum richtigen Zeitpunkt geschieht. Von da konnte ich gelassen sein. Heute nenne ich dies *Selbstvertrauen*.

Als ich mich selbst zu lieben begann, habe ich es sein lassen, mir meine eigene Zeit zu stehlen, und ich hörte auf, große Zukunftsprojekte zu entwerfen. Heute mache ich nur das, was mir Freude bereitet und mich glücklich macht, Dinge, die ich gerne tue und die mein Herz zum Lachen bringen – und ich tue sie auf meine Weise und in meinem Rhythmus. Heute nenne ich das *Einfachheit*.

Als ich mich selbst zu lieben begann, befreite ich mich von allem, was nicht gesund ist für mich – Nahrung, Menschen,

Dinge, Situationen –, und von allem, was mich herunterzieht und mich von mir wegzieht. Erst nannte ich diese Haltung einen gesunden Egoismus. Heute weiß ich, das ist *Selbstliebe*.

Als ich mich selbst zu lieben begann, ließ ich es sein, immer recht haben zu wollen, und seitdem habe ich mich viel weniger geirrt. Heute habe ich entdeckt, das ist *Mäßigung* (wahre Bescheidenheit).

Als ich mich selbst zu lieben begann, habe ich mich geweigert, weiterhin in der Vergangenheit zu leben und mich um die Zukunft zu sorgen. Jetzt lebe ich nur für diesen Augenblick, wo ALLES stattfindet. Heute lebe ich jeden Tag einfach nur Tag für Tag, und ich nenne es *Erfüllung*.

Als ich mich selbst zu lieben begann, erkannte ich, dass mein Denken mich verstören, unruhig und krank machen kann. Doch als ich es mit meinem Herzen verbunden hatte, wurde mein Verstand ein wertvoller Verbündeter. Diese Verbindung nenne ich heute *Weisheit des Herzens*.

Wir brauchen uns nicht länger zu fürchten vor Argumenten, Konfrontationen oder vor jeglicher Art von Problemen mit uns selbst oder mit anderen. Selbst Sterne stoßen zusammen, und aus ihrem Zusammenprall werden neue Welten geboren. Heute weiß ich, das ist *Leben*!

Charlie Chaplin
Rede an seinem 70. Geburtstag am 16.04.1959,
*nach der Übersetzung von Wolfgang Zeitler 2009**

---

* http://www.wolfgangzeitler.de/Charlie_Chaplin_Selbstliebe_ubersWZ.pdf (letzter Zugriff 13.05.2016)

Ein kleiner Blick

NACH VORN

Die energieraubende Show großen Selbstbewusstseins

Die schönsten Vögel sind
die schlechtesten Sänger.
Schottisches Sprichwort

Die Showmaster sind unter uns!

Hinter uns liegen viele Gedanken und Ideen zum Selbstwert, zu unserem Selbstwertgefühl. Hinter uns liegt auch der Blick hinter die Kulissen von Selbstliebe und Selbstachtung. Und hinter uns liegt die Betrachtung der vielen Ursachen und Gründe deines Selbstvertrauens, deiner Selbstsicherheit. Sie sind Bausteine auf dem Weg zu echtem Selbstbewusstsein. Alle drei, Selbstwert, Selbstliebe und Selbstvertrauen, hängen eng miteinander zusammen, dazu gleich eine kleine Zusammenfassung im nächsten Kapitel. Erst einmal schauen wir uns die vielen, vielen Showmaster an. Denn nicht jeder, der selbstbewusst wirkt, ist es auch wirklich.

Viele Menschen um uns herum fühlen sich unsicher, fühlen sich nicht ernst genommen, haben Angst, sich zu blamieren. Es sind bei Weitem mehr, als wir denken. Diese Menschen vertuschen ihr fehlendes Selbstbewusstsein durch ein ganz persönliches Showprogramm. Es gibt unzählige verschiedene Arten solcher Shows. Ganz sicher kennst auch du Menschen, die irgendwie auffällig sind. Aber nicht jeder dieser Showmaster strotzt vor Selbstbewusstsein. Ganz im Gegenteil.

In den vergangenen Jahren sind mir folgende Showformate aufgefallen: Da gibt es den Trainerkollegen, der andere übersieht, der abfällig spricht, abweisend und arrogant jeden um sich herum ignoriert und offenbar in eigenen Seminaren besonders seine eigene Ängstlichkeit im Umgang mit anderen zu kurieren versucht, wobei diese Selbsttherapie aber noch ohne Wirkung geblieben ist. Da ist die ehemalige Mitstudentin, die zu Beginn eines jeden Tages förmlich in die Maske geht und sich knapp zwei Stunden mithilfe einer ausgefeilten Schminktechnik nicht mehr wiedererkennbar zu einem gänzlich anderen Menschen stylt. Da ist der Bekannte, der ausschließlich aus Show besteht, sich hinter Sprüchen versteckt und mit dem kein ruhiges, auch mal ernstes Wort zu reden ist.

Bei der Show großen Selbstbewusstseins bleibt unter der Verkleidung wenig übrig.

Sicher, all das sind nicht zwingend Merkmale für wenig Selbstbewusstsein. Außerdem hat jeder Mensch das gute Recht, so zu sein, wie er möchte. Manchmal aber – so mein Gefühl – versteckt sich hinter diesen Kulissen wenig Selbstvertrauen. Wird die Verkleidung abgelegt, bleibt wenig übrig.

Die folgenden drei Shows sind mir bisher am häufigsten begegnet.

- **Arroganz**

  Arrogante, überhebliche Menschen sind unangenehme Gesellen. Sie halten sich für etwas Besseres. Arrogante Menschen sind sehr überzeugt von sich, treten betont selbstbewusst auf. Das muss ja erst mal gar nicht schlecht sein. Aber diese Menschen haben Bedarf, ihre vermeintliche Überlegenheit immer wieder herauszustellen, andere abzuwerten, kleinzumachen, abschätzig über sie zu reden. Sie haben ein verzerrtes Bild von der Wirklichkeit, besonders von sich.

- **Verkleidung**

  Wer mit sich selbst nicht zufrieden ist, wer selbst nicht zu sich steht, hat manchmal Bedarf, sich zu verkleiden. Hiermit meine ich nicht das Achten auf das eigene Aussehen, auf die eigene Garderobe. Ich meine das komplette Verkleiden, nach dessen Ende ein anderer Mensch herauskommt. Dadurch verschleiern sie ihre ganz eigene Ausstrahlung, werden zu jemand anderem. Verkleidete Menschen haben den arroganten Menschen gegenüber den Vorteil, dass sie die Abwertung anderer nicht brauchen, um sich selbst aufzuwerten. Sie regeln das allein durch ihre Kostümierung.

- **Soloshow**

  Ebenfalls häufig sind diejenigen anzutreffen, die sich ein manchmal schier endloses, manchmal aber auch – an laufenden Wiederholungen erkennbares – begrenztes Programm zugelegt haben, mit dem sie »auftreten«. Alles – außer sie selbst zu sein – kommt für sie infrage. Auch hier der Vergleich zu den arroganten Typen: Die Showtypen sind deutlich angenehmer, weil sie genau wie die Verkleidungskünstler im besten Fall andere Menschen ebenfalls nicht runtermachen. Aber sie benötigen andere Menschen als Publikum.

Nachteile des Verstellens

Alle drei Varianten sind wie schönes Geschenkpapier inklusive perfekter goldener Schleife rund um das wenig selbstbewusste Präsent. Aber wehe, wenn das Geschenk mal ausgepackt wird! Eine Umhüllung bietet nie wirklich sicheren Schutz. Stattdessen bringt sie eine große Menge an Nachteilen mit sich.

- **Jedes Zusatzprogramm kostet Kraft.**

  Sich zu verstellen, kostet zuallererst einmal Energie. Du bist nicht, wie du bist. Insbesondere in Krisensituationen macht dich das sehr anfällig.

- **Kommunikation und Ausstrahlung sind nicht echt.**

  Da du – etwas negativ formuliert – eine Rolle spielst, wirkst du deutlich weniger authentisch. Auch hier gilt wiederum leider: Du kannst nicht so sein, wie du bist. Unterschwellig bemerkt das dein Gegenüber. Das kann auf Kosten deiner Glaubwürdigkeit gehen. Sowohl im privaten als auch im beruflichen Umfeld macht jedoch gerade Echtheit oft den Unterschied.

- **Kritik prallt (leider) doch nicht ab.**

  Die Maske, gleich in welcher Form sie aufgesetzt wird, hat eigentlich die Funktion eines Schutzpanzers. Die Kritik soll an einer Fassade der Unangreifbarkeit abprallen. Tatsächlich tut sie dies aber nicht, stattdessen nimmst du dir Kritik besonders zu Herzen. Sie scheint dir in deinen Augen leider zu beweisen, dass du die Verkleidung benötigst – zur Sicherheit.

Die Show großen Selbstbewusstseins kostet Kraft. Vor allem droht sie aufzufliegen. Ein Grund mehr, echt zu sein. Es lohnt sich. Es lohnt sich, am eigenen Selbstbewusstsein zu arbeiten. Es lohnt sich, echt zu sein. Deshalb fasse ich im nächsten Kapitel nochmals die drei Teile »Selbstwert«, »Selbstvertrauen« und »Selbstliebe« für dich in kurzer Form zusammen.

Selbstwert, Selbstliebe, Selbstvertrauen – wie hängt das alles zusammen?

Das Ganze ist mehr als die Summe seiner Teile.
Aristoteles

Ist alles das Gleiche?

Die meisten Menschen werfen die einzelnen Begriffe rund um das Thema Selbstbewusstsein immer wieder durcheinander. Irgendwie dreht sich gefühlt alles um das Gleiche. Dem ist nicht so. Deswegen möchte ich für dich diese drei Themen noch einmal zusammenführen. Dabei geht es mir ums echte Selbstbewusstsein und nicht um die im letzten Kapitel beschriebene große Show.

Entscheidend ist, dass du für dich die Themenbereiche erkennst, denen du dich künftig besonders widmen möchtest. Denn ich bleibe dabei: Egal wie schief manches in der Vergangenheit lief, das muss künftig nicht so sein. Du kannst es selbst und bewusst in die Hand nehmen, indem du dich erkennst, indem du dich annimmst, indem du an dir arbeitest.

Der Zusammenhang im Schnelldurchlauf – in die positive Richtung

Am Anfang ging es um deinen Selbstwert und das Gefühl, das du von ihm hast: dein Selbstwertgefühl. Dein Selbstwert ist der Ausdruck dafür, wie du dich selbst als Person und auch wie du deine Fähigkeiten bewertest.

Mit diesem Selbstwertgefühl ausgerüstet, gehst du mehr oder weniger mutig deine alltäglichen Aufgaben, aber auch neue Herausforderungen an, zeigst dabei Selbstdisziplin und entwickelst Vertrauen in dich selbst. Aus deinem Selbstwert erwächst Stück für Stück Selbstvertrauen. Die Erfahrungen, die du machst – mal gute, mal weniger gute –, tragen dazu bei, dass du dir selbst immer sicherer wirst. Deine Selbstsicherheit entsteht und wächst. Du weißt immer besser, was du kannst. Du erkennst auch, was du weniger gut kannst. Indem du dich als immer wertvoller wahr- und annimmst, wächst dein Selbstwert weiter.

Mehr und mehr stehst du zu dir. Du erlaubst dir, anderen und dir selbst gegenüber authentisch und echt zu sein. Du fühlst dich so richtig wohl in deiner Haut, du nimmst dich an. Du magst dich, du achtest dich, mit all deinen Stärken, mit all deinen Schwächen. Und du achtest auf dich. Eine gesunde Selbstliebe entsteht.

Zwei Dimensionen des Selbstbewusstseins

All das passiert unter dem Überbegriff »Selbstbewusstsein«. Das Selbstbewusstsein hat zwei Dimensionen. Eine nach innen gerichtete, eine nach außen gerichtete.

Du weißt genau, wer du bist.
Du bist dir deiner selbst bewusst.

Selbstbewusst nach innen bedeutet: Du weißt genau, wer du bist, du kannst dich einschätzen. Du weißt, was dich glücklich macht. Du weißt auch, was dich traurig macht. Du weißt, was du kannst. Du weißt auch, was du nicht kannst. Vor allem weißt du, was du willst. Du bist dir deiner selbst bewusst.

Selbstbewusst nach außen heißt: Du wirkst auf andere, als seist du mit dir zu einhundert Prozent im Reinen. Du strahlst im besten Fall angenehme Souveränität aus. Nicht bei allen stimmt das innere Selbstbewusstsein mit dem nach außen demonstrierten Selbstbewusstsein überein. Und wie im vorherigen Kapitel schon beschrieben: Mancher hat wenig oder kein inneres Selbstbewusstsein und baut zur Kompensation um sich herum eine beeindruckende Showkulisse auf, um einen selbstbewussten Eindruck zu machen.

Der Zusammenhang im Schnelldurchlauf – in die negative Richtung

Auch hier beginnt es mit deinem Selbstwert, nur hast du davon nicht allzu viel. Dein Selbstwertgefühl ist wenig ausgeprägt, du hältst nicht viel von dir. Du stehst nicht zu dir als Person, zweifelst an deinen Fähigkeiten.

Deshalb gehst du in der Regel sehr zögerlich und unsicher an die Aufgaben deines Alltags heran. Neue Herausforderungen meidest du, wenn möglich, du traust sie dir nicht zu. Dein Vertrauen in dich selbst ist sehr gering, es wird leider auch nicht besser. Im Gegenteil: Du siehst, was andere können, was andere sich zutrauen, und vergleichst dich damit. Das zehrt zusätzlich an deinem Selbstvertrauen.

Da du derart ausgebremst kaum neue Erfahrungen machst, da du nichts Neues hinzulernst, während deine Umgebung sich aber weiterentwickelt, nimmt deine Unsicherheit eher zu als ab. Immer weniger glaubst du an dich und das, was du kannst. Du hältst das, was du machst, für unbedeutend. Vor allem verleihst du dir als Person wenig Wert.

Du stehst nicht zu dir, bist weder authentisch noch echt. Du versuchst, irgendwie klarzukommen, unzufrieden mit dir und der Welt. Von Selbstachtung und Selbstliebe keine Spur. Leider!

Aufwärts- oder Abwärtsspirale?

Mit den letzten Absätzen habe ich meinen Text über den Schnelldurchlauf in die positive Richtung lediglich auf einen Schnelldurchlauf in die negative Richtung übertragen. Und ich muss zugeben, dass mir beim Schreiben – dir vielleicht beim Lesen – die Abwärtsspirale sehr klar und bewusst wurde. Eventuell habe ich es etwas überspitzt formuliert. Die drei Leitthemen dieses Buches hängen aber so untrennbar zusammen, dass es extrem wichtig ist, sich über diese Zusammenhänge im Klaren zu sein.

Suche die für dich passenden Schritte auf deinem Weg zu mehr Selbstbewusstsein!

Du kannst für dich erkennen, ob sich dein Selbstbewusstsein derzeit eher in der Aufwärts- oder eher in der Abwärtsbewegung befindet. Du kannst es erkennen und gegensteuern. Zum einen, indem du dich ein wenig davon inspirieren lässt, wie die Megaselbstbewussten ticken und vorgehen. Zum anderen – insbesondere dann, wenn deren Vorgehen in deinen Augen nicht so recht auf dich übertragbar zu sein scheint –, indem du auf eigene Faust mit einzelnen, für dich passenden Impulsen aus diesem Buch deinen Weg zu mehr Selbstwert, Selbstvertrauen, Selbstliebe und damit Selbstbewusstsein beschreitest.

Vielleicht gelingt es dir sogar, dass du mit der gewonnenen Klarheit über die oben aufgezeigten Zusammenhänge für alle Menschen um dich herum – für Kinder, Freunde, Verwandte, Kollegen oder auch Mitarbeiter – eine positive, aufbauende, das Selbstbewusstsein fördernde Atmosphäre schaffst. Das wäre eine wirklich fantastische Entwicklung, die ich im nächsten Kapitel näher beschreibe.

Anderen Selbstbewusstsein schenken

Wer unaufhörlich gibt,
wird unaufhörlich haben.

Aus China

Selbstbewusst werden und andere bei der Entwicklung unterstützen

Selbstbewusstsein – warum es andere haben und wie auch du es bekommst, ist das Thema meines Buchs. Je mehr es dir in der nächsten Zeit, in den nächsten Monaten und nächsten Jahren gelingt, über deinen Selbstwert, dein Selbstvertrauen und deine Selbstliebe zu mehr Selbstbewusstsein zu gelangen, desto besser hat mein Buch sein Ziel erreicht.

Wer selbstbewusst ist, muss sich nichts mehr beweisen. Schon gar nicht auf Kosten anderer.

Für mich ganz persönlich wäre es das Pünktchen auf dem i, wenn du darüber hinaus viele Portionen Selbstbewusstsein an andere weiterreichen könntest. Es ist schön, mit entspannten, selbstbewussten Menschen zusammenzuleben, zusammenzuarbeiten, zusammen zu sein. Selbstbewusste Menschen müssen niemandem mehr etwas beweisen, schon gar nicht auf Kosten anderer. Sie gehen gelassen mit sich und anderen um, sie schauen optimistisch in die Zukunft.

Wer gibt, bekommt!

Das Schöne im Zusammenhang mit diesem Gedanken ist für mich ein Satz, den ich irgendwann mal aufgeschnappt habe, ich weiß leider nicht mehr, wo. Der Satz lautet: »Der Lehrer lernt am meisten.«

Wenn du anderen Selbstbewusstsein vermitteln möchtest, musst du dich intensiv damit beschäftigen. Oder besser: Du musst dich mit dir selbst intensiv beschäftigen. Denn Vermitteln beginnt mit dem Begreifen, Erlernen und Vorleben. Wenn du dich anders verhältst, als du es anderen weitergeben möchtest, kommt deine Botschaft nicht an. Sie ist einfach nicht überzeugend.

Es gibt wahnsinnig viele Menschen, die sehr gern selbstbewusster wären. Mir persönlich liegt als vierfacher Vater am stärksten die nachwachsende Generation, unsere Kinder, am Herzen. Auch wenn du selbst vielleicht in deiner Kindheit (oder auch heute noch?) nicht in einer Atmosphäre aufwachsen durftest, die die Entwicklung des Selbstbewusstseins stärkte und förderte: Gerade dann versuche, es gegenüber Kindern besser zu machen, denn die Jahre der Kindheit prägen am stärksten.

Selbstbewusstsein schenken

Um anderen zu mehr Selbstbewusstsein zu verhelfen, gibt es keine allgemeingültigen Patentrezepte. Deshalb empfehle ich dir auch hier wieder: Denke einmal über die einzelnen Anregungen, die du im Folgenden findest, nach, und picke dir dann wieder nur das heraus, was für dich passt und worin du aufmerksamer sein könntest.

- **Schenke Anerkennung!**

  Wie bereits weiter oben beschrieben: Es gibt keinen einfacheren Weg, den Selbstwert zu entwickeln, als mit lobenden Worten. Hier geht es nicht nur um einmalige Leistungen, die anerkennenswert sind. Selbst die Tatsache, dass man überhaupt einen Versuch unternommen hat, ist lobenswert. Du weißt spätestens aus dem Kapitel über den Mut: Sich etwas zu trauen, immer wieder etwas mutig anzugehen, ist die Voraussetzung für Selbstvertrauen.

- **Ermutige zu Neuem!**

  Etwas Neues zu wagen, ist derart wichtig, dass du dazu ermutigen solltest, neue Wege zu gehen, etwas Unbekanntes auszuprobieren. Erfahrungen sind Erkenntnisse, auch im Umgang mit sich selbst. Sie tragen dazu bei, die eigenen Stärken immer besser auszuloten, immer selbstsicherer, selbst immer sicherer zu werden.

- **Kritisiere nur das Verhalten, nie den Menschen!**

  Bei notwendiger Kritik ist es wichtig, stets nur auf das Verhalten zu zielen. In Gesprächen rund um dieses Buch habe ich immer wieder die Meinung gehört, Kritik muss deutlich sein, sonst kommt sie nicht an. Das stimmt zweifellos. »Deutlich« darf aber nicht heißen, dass sie andere zerstört oder künftig jeden Mutes beraubt. Kritik muss klar sein, vor allem sollte sie weiterhelfen und die weitere Entwicklung fördern. Aussagen wie *»Du bist zu nichts fähig!«* sind keine Kritik, sondern ein Armutszeugnis in eigener Sache, ausgestellt in fünf Worten.

- **Vermeide Vergleiche!**

Das scheint selbstverständlich zu sein, ist es aber nicht. Vergleiche, in denen einer herabgesetzt wird, sind nicht hilfreich. Besonders Menschen, deren Selbstbewusstsein erst in der Entwicklung ist, schwächen solche Vergleiche. Sie fühlen sich – auch im Wert – herabgestuft. Vergleiche sind oft als Ansporn gemeint, wirken aber wie eine Bremse.

»Guck dir den Dieter an, der hat sogar ein Auto!« Solche Aussagen helfen dem Jungen nicht weiter. Sie beweisen höchstens Entwicklungspotenzial bei den Eltern. Gerade die wenig selbstbewussten Menschen besitzen (noch) nicht die Fähigkeit, aus Vergleichen Motivation und Antrieb abzuleiten.

- **Steh zu deinen Schwächen!**

Kreiere eine Atmosphäre, in der man zu seinen Schwächen stehen darf. Stehe auch du zu deinen Schwächen. Ich formuliere es mal etwas flapsig: Sei kein fehlerfreier »Überflieger«! Seinen Selbstwert zu kennen, heißt nicht nur, sich seiner eigenen Stärken, sondern eben auch seiner eigenen Schwächen bewusst zu sein.

- **Sei Vorbild, sei echt!**

Wie gerade eben schon beschrieben: Wer Selbstbewusstsein entwickeln möchte, kann nicht das Gegenteil vorleben. Wenn du falsch liegst, wenn du Fehler machst, stehe dazu. Sei im Einklang mit dir, sei zu einhundert Prozent echt. Mache keine Show wie die am Anfang dieses Teils beschriebenen Typen!

- **Schenke Liebe!**
  Gib Zuneigung und schenke Liebe! Das Gefühl, geliebt zu werden, ist durch nichts anderes zu ersetzen. Froh zu sein, dass es den anderen gibt, regelmäßig dem anderen nah zu sein, ist der fruchtbare Boden, auf dem sich mithilfe all der Anregungen und Übungen, die ich in diesem Buch beschrieben habe, Selbstbewusstsein entwickeln kann. Dazu gehört auch, dass du dich selbst achtest, dass du mit dir selbst im Reinen bist, dass du dich selbst liebst. Dass du auch hierin Vorbild bist.

Es gibt Menschen, die andere stets und ständig schwächen. Du erinnerst dich vielleicht noch an all die Subtrahenden, die uns umgeben. Die Gründe dafür sind vielfältig. Manchmal wachsen solche Selbstbewusstseinsräuber daran, dass sie andere herabsetzen. Andere wiederum handeln vollkommen gedankenlos und bemerken gar nicht, dass ihr Verhalten, ihre Aussagen, ihre Gesten andere kleinmachen.

Wer andere stärkt, stärkt zugleich sich selbst.

Genauso gibt es auch Menschen, die machen andere stark, haben die Kraft und ein Interesse daran, andere aufzubauen. In ihrer Nähe, in einer Atmosphäre des Vertrauens und der Fröhlichkeit, können andere wachsen, mutig handeln, dürfen Fehler machen, können sich entwickeln. In einer solchen Umgebung wächst Selbstwert, entwickelt sich Selbstvertrauen. Übrigens: Wer andere stärkt, stärkt zugleich sich selbst.

Wenn du an dir und an deinem eigenen Selbstbewusstsein arbeitest, könnte genau das schrittweise dein nächstes Ziel sein. Auch hier gilt wie bei allen anderen Themen dieses Buchs: Den Anfang machst du damit, dass dir die Dinge bewusst werden.

Erst du, dann die anderen

Seit mehreren Jahren bin ich – gefühlt zu oft – wegen meiner Vorträge auf Flughäfen zu Hause. Im Flugzeug gibt es vor dem Start immer die Sicherheitshinweise. Meistens zwei bis drei, in der Regel freundliche Flugbegleiter stellen sich gut verteilt mittig in den Gang und erklären mehrsprachig, wie alles funktioniert. Als Vielflieger kannst du sehr schnell synchron mitsprechen. Irgendwann fallen im Sicherheitsgedicht die Sauerstoffmasken bei Druckverlust aus der Kabinendecke. Und dann folgt die Ansage: Zunächst die eigene Maske aufsetzen, dann erst anderen helfen. Hier, im Flugzeug, ist diese Reihenfolge überlebenswichtig, denn der Mensch bleibt nur eine bestimmte, recht kurze Zeit ohne Sauerstoff bei Bewusstsein. Vor allem handelt er nur in den ersten wenigen Sekunden noch vernünftig.

Beim Selbstbewusstsein läuft es – natürlich weniger lebensgefährlich – im besten Falle in der gleichen Reihenfolge: Erst am eigenen Selbstbewusstsein arbeiten, dann kannst du umso besser anderen helfen. Bist du bereits sehr selbstbewusst, schenke anderen etwas von deiner Stärke. Du kennst vielleicht den Spruch: »Liebe ist das Einzige, was sich verdoppelt, wenn man es teilt.« Ich bin der festen Überzeugung, dass es mit dem Selbstbewusstsein genauso laufen kann. Wenn du es teilst, wenn du es anderen schenkst, wird es deshalb bei dir nicht weniger werden. Das Gegenteil wird der Fall sein.

Erfahre selbst, welche große Freude es sein kann, einen kleinen Beitrag dazu leisten zu dürfen, dass andere Menschen glücklicher, klarer, zufriedener ihren ganz eigenen Weg gehen. Andere zu stärken und damit Selbstbewusstsein zu schenken, ist etwas ganz Besonderes. Wenn andere nach Gesprächen mit dir lächeln, stärker an sich glauben und motiviert sind, gehst du genau diesen Weg.

Unser gemeinsamer Weg durch dieses Buch führt im nächsten Kapitel auf die Zielgerade.

Die Vergangenheit ist vorbei: Mein persönlicher Epilog

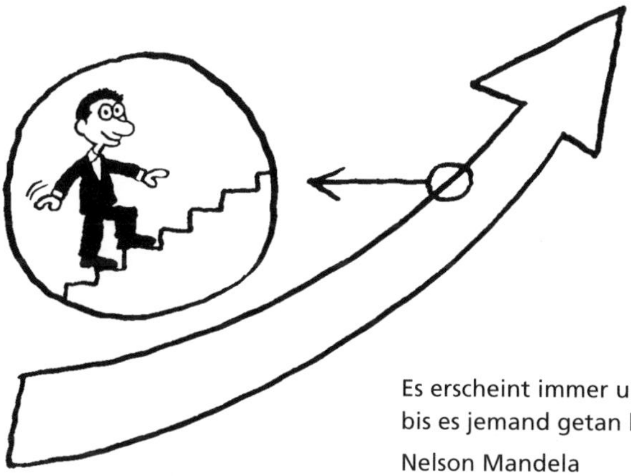

Es erscheint immer unmöglich,
bis es jemand getan hat.
Nelson Mandela

Der nächste Schritt ist der wichtigste

Das Zitat von Nelson Mandela möchte ich ein klein wenig abwandeln. Wenn es um die Stärkung deines Selbstbewusstseins geht, ist es nicht irgendeiner, der das tun kann, der verantwortlich ist. Sondern nur ein ganz bestimmter Mensch kann es tun: du! Verantwortlich bist du! Und es erscheint auch nicht unmöglich. Ganz im Gegenteil.

Für manchen Schritt auf deinem Weg zu mehr Selbstbewusstsein, den ich dir im Verlauf dieses Buchs empfohlen habe, brauchst du etwas Mut. Das ist eine Hürde, keine Frage. Du erinnerst dich vielleicht daran: Mut zu haben bedeutet nicht, ohne Angst zu sein. Mut zu haben bedeutet vielmehr, dass dir der nächste Schritt und vor allem das angestrebte Ergebnis wichtiger sind als deine Angst.

Du bist es wert.

Du hast es in der Hand, an dir zu arbeiten. Denn du bist es wert. Die Vergangenheit ist vorbei, du bewegst dich in der Gegenwart. In ihr machst du die Schritte, mit denen deine Zukunft mehr und mehr eine sehr selbstbewusste werden kann.

Entwicklung ist nie nur geradlinig

Am Ende dieses Buchs möchte ich nochmals wiederholen, was ich auch schon am Anfang geschrieben habe: Es gibt keine allgemeingültige Anleitung zu mehr Selbstbewusstsein. Auch ich habe die Weisheit nicht mit Löffeln gefressen. Ich behaupte auch nicht, die unverrückbare Wahrheit zu diesem Thema gepachtet zu haben. Dazu ist es viel zu komplex, sind die Ausgangspunkte eines jeden Lesers viel zu verschieden.

Aber es gibt viele kleine Schritte, die man auf dem Weg zu mehr Selbstbewusstsein machen kann, und vielleicht hat dir mein Buch geholfen, zu erkennen, wie sich sehr selbstbewusste Menschen verhalten. Ich bin mir bewusst, dass sich dies nicht so einfach und ohne Weiteres kopieren lässt, denn jeder einzelne Leser startet an einem anderen Punkt. Es ist ein individueller, sehr persönlicher Entwicklungsprozess. Auf diesem Weg, der vor dir liegt, wird aller Wahrscheinlichkeit nach nicht alles sofort klappen. Du wirst – wie alle anderen Menschen auch – viele Erfahrungen machen. Jede einzelne hat ihren Wert. Alle selbstbewussten Menschen haben für das, was sie heute tun, meistens zuvor eine Wegstrecke mit vielen Versuchen hinter sich gebracht. Sie waren nicht immer nur mutig, sie haben auch mal gezögert. Bei all ihren Versuchen waren immer auch Fehlversuche dabei. An solchen Fehlversuchen kann man verzweifeln. Oder man kann aus ihnen lernen, kann an ihnen wachsen.

So ist der Weg der eigenen Entwicklung nie nur geradlinig. Fehler machen ist nicht etwas Schlechtes, schon gar nicht bist du – du als Persönlichkeit – schlecht, wenn du Fehler machst. Wenn du eine neue Sprache lernst, wird deine Grammatik für Muttersprachler anfangs ziemlich lustig sein – was soll's, lachen ist gesund! Fehler gehören dazu, wenn du etwas lernst, wenn in dir etwas wächst. Wenn du Angst davor hast, dass solche Fehler passieren, wirst du weniger oder gar nicht sprechen. Wirst du dann jemals passabel eine Sprache erlernen?

Fehler sind sehr wertvoll.
Fehler sind Teil eines jeden Lernprozesses.

Beim Laufenlernen am Anfang deines Lebens oder beim Fahrradfahren-Lernen einige Jahre später war es genauso. Du bist auch mal hingefallen. Ganz normal. Das Hinfallen war nicht schön, aber es gehörte einfach dazu. Du warst deshalb kein schlechtes Kind, weil du hingefallen bist. Hättest du Angst vor dem Hinfallen gehabt, wärst du vielleicht gar nicht erst losgelaufen. Stattdessen warst du mutig und lernhungrig, du warst neugierig, du hast dir keine unnötigen Gedanken gemacht. Schon gar keine negativen, die dich hätten ausbremsen können. Du bist einfach los. Und das war gut so.

Fehler sind nicht verboten, Fehler sind vielmehr ein wichtiger Teil in jedem Lernprozess. Genau aus diesem Grund sind Fehler wertvoll. Wer Fehler als etwas Schlechtes bewertet und sich oder andere deshalb bestraft, sät Angst und Mutlosigkeit.

Gib dir Zeit!

Einer der nach meinen Erfahrungen häufigsten Gründe für Unzufriedenheit bei der Entwicklung der eigenen Persönlichkeit ist die eigene Ungeduld. Wir alle erwarten oft zu schnell zu viel. Deshalb möchte ich dich ermutigen, bei all deinen Gedanken und Ideen für die nächsten Schritte immer nur einen oder auch zwei Aspekte bewusst anzugehen. Viel mehr lässt die eigene Konzentration meist nicht zu. Und du weißt ja bereits aus dem Teil zum Selbstvertrauen: Wenn du dich selbst überforderst und dann immer wieder enttäuschst, entwickelst du alles, nur kein Selbstvertrauen.

Besser regelmäßig kleine Schritte als einmalig einen großen Sprung.

Gib dir also Zeit auf deinem Weg zu einem selbstbewussten oder noch selbstbewussteren Leben. Kleine Schritte sind viel nachhaltiger als große Sprünge, denn mit regelmäßigen kleinen Schritten schaffst du deutlich beständiger neue und selbstbewusste Gewohnheiten.

Zurück zur grünen Soße

Eines der ersten Exemplare dieses Buchs werde ich bei meinem nächsten Grüne-Soße-Date der sympathischen Dame aus Frankfurt bringen. Ich werde auf meinem Selbstbewusstseinsblog unter www.endlich-selbstbewusstsein-staerken.de darüber berichten, vielleicht schaust du ja mal dort vorbei.

Jean-Jacques Rousseau hat einmal gesagt: »Der höchste Genuss besteht in der Zufriedenheit mit sich selbst.« Diesen Genuss wünsche ich dir! Er soll mehr und mehr Raum in deinem Leben einnehmen. Nimm dir Zeit, deine Gedanken sich setzen zu lassen. Lerne dich selbst immer besser kennen, werde dir selbst immer klarer über dich. Werde dir deiner Stärken, deiner Talente, deiner vielen Qualitäten bewusst. Nimm genauso wie deine Fähigkeiten auch deine Schwächen wahr. Nimm sie vor allem an. Auch sie gehören zu dir.

Es ist genau diese ganz besondere Komposition aus Stärken und Schwächen, die dich zu etwas Besonderem macht; sie macht dich einmalig, macht dich liebenswert. Ich wünsche dir bei deinen nächsten Schritten Mut, Ausdauer und Erfolg.

Danke, dass du meinem Buch deine Zeit geschenkt hast!

Steffen Ritter
Köln / Sangerhausen, 2016

Danke, Savoy!

Dankbarkeit ist das Gedächtnis des Herzens.

Jean-Baptiste Massillon

Wenn für das Wohlfühlen Profis sorgen

In einem Kapitel meines Buchs ging es um Wertschätzung und Anerkennung. Beides ist keine Einbahnstraße. Genauso wie wir uns über Wertschätzung freuen, tun dies auch andere. Indem wir unsere Wertschätzung dem anderen mitteilen, nehmen wir uns ein Stück zurück, stellen den anderen dafür aufs Podium. So ist es auch ein Zeichen von Selbstbewusstsein, andere anzuerkennen. Es ist ein Zeichen dafür, dass wir bewusst und achtsam wahrnehmen, was für uns sehr gut war, was uns letztlich sehr guttat.

Beim Schreiben dieses Buchs habe ich genau dies erlebt. Mein Beruf bringt es mit sich, immer wieder in Hotels zu sein. Um mich in verschiedenen Städten stets auch ein wenig zu Hause zu fühlen, sind es häufig die gleichen Hotels. Meine unangefochtene Lieblingsstadt in Deutschland ist Köln. Dort steht auch das Savoy, mein absolutes deutsches Lieblingshotel und mittlerweile mein zweites Zuhause. Mitten im Zentrum, in der Nähe des Bahnhofs.

Das Savoy ist wirklich besonders. Angefangen bei der hochprofessionellen, vor allem aber auch megasympathischen Hotelleitung, ist bei jedem Mitarbeiter die Überzeugung spürbar, dass er in einem ganz besonderen Haus arbeitet. Hier ist sogar ein ganzes Hotel sich seiner selbst bewusst, vor allem echt und authentisch im besten Sinne. Dort habe ich während vieler, vieler Aufenthalte dieses Buch geschrieben. Mein Wohlfühlen und die Atmosphäre dieses ganz besonderen Ortes sind an vielen Stellen eingeflossen. Ein riesengroßes Dankeschön an Gisela und Daniela Ragge sowie das einmalige Savoy-Team!

Danke allen, die beteiligt waren

Um ein solches Buch umzusetzen, sind professionelle Partner sehr wichtig. Die habe ich gefunden, im renommierten, stets sehr innovativen GABAL Verlag. Von der Buchidee über die vielen kleinen Schritte des Entwurfs bis hin zum langen Prozess meines Schreibens. Danke an André Jünger, Ursula Rosengart, Ute Flockenhaus, Dr. Sandra Krebs und an das ganze GABAL-Team für die vielen Impulse, für die Begleitung, für das Vertrauen. Vielen Dank auch an Ulrike Hollmann, die als erstklassige Lektorin einfühlsam und konsequent manche meiner flapsigen Formulierungen zum Glänzen brachte. Die gemeinsame Arbeit hat mir sehr großen Spaß gemacht!

Ebenso lieben Dank an Werner Tiki Küstenmacher, der in einmalig aussagekräftiger und zugleich mir immer wieder gute Laune bringender Form für Visualisierung sorgte. Selten habe ich eine so unkomplizierte und angenehme Zusammenarbeit erlebt; seine Illustrationen sind wirklich auf den Punkt. Am besten gefallen mir das Siegerpodest und vor allem der kleine Mann auf dem Sprungturm. Und natürlich liegt auch mein eigenes Porträt ganz weit vorn, hoch oben auf dem Savoy am Anfang dieses letzten Kapitels. Danke, Tiki!

Was hinter und vor uns liegt, ist beides nichts verglichen mit dem, was in uns liegt.

Danke auch allen meinen Mitarbeitern im Institut Ritter, die in meinen Schreibphasen sehr viele Tage auf mich verzichten mussten. Ihr seid ein derart motiviertes, stets zu einhundert Prozent verlässliches Team, dass die gemeinsame Arbeit immer wieder aufs Neue viel Freude macht.

Und zum Abschluss nochmals einen lieben Dank ganz besonders an alle Leserinnen und Leser meines Buchs. Unsere kleine Tour durch das Selbstbewusstsein neigt sich dem Ende zu. Auf den ersten Seiten dieses Buches stand das Zitat von Ralph Waldo Emerson, einem amerikanischen Philosophen: »Was hinter und vor uns liegt, ist beides nichts verglichen mit dem, was in uns liegt.«

Entdecke auch du mehr und mehr, was in dir liegt! Selbstbewusstsein folgt dem Sich-seiner-selbst-bewusst-Sein.

… und noch ein

KLEINER TEST

Kleiner Selbstbewusstseinstest

Mehr als die Vergangenheit interessiert mich die Zukunft, denn in ihr gedenke ich zu leben.

Albert Einstein

Hat ein solcher Test wirklich Wert?

Ganz sicher hast du schon mehrfach und zu verschiedenen Themen in Büchern oder auch Zeitschriften Tests dieser Art gesehen. Vielleicht hast du manche auch schon durchgeführt. Man kann zumeist schon an der Punkteverteilung bei der Fragestellung erkennen, wie man antworten sollte, wenn man ein bestimmtes Ergebnis erreichen möchte. Es wird beim Lesen und durch die Art der Punkteverteilung schon klar, wohin der Hase läuft.

Tests dieser Art werden somit der Bezeichnung »einfach« im wahrsten Sinne des Wortes gerecht. Auch auf den nachfolgenden kleinen Test trifft das zu. Lies bitte die Bewertung gemäß deiner Punktzahl mit Neugier, doch ohne jedes Wort auf die Goldwaage zu legen. Die Bewertung ist notgedrungen pauschal gehalten, es kann deshalb nicht alles zu einhundert Prozent auf dich zutreffen. Nimm an, was zu dir und für dich passt.

Bewerte dennoch jede einzelne Aussage so wahrheitsgetreu und ehrlich wie möglich. Zusätzlich zu diesem Selbstbild könnte es spannend für dich sein, wenn du dir darüber hinaus noch ein oder zwei Fremdbilder einholst. Wenn das für dich infrage kommt, dann suche dir Menschen, die dir wohlgesinnt sind, und bitte sie um ihre ehrliche Meinung.

Die nachfolgenden 21 Aussagen orientieren sich an den Themenbereichen dieses Buchs. Ich habe alle Aspekte aufgenommen, an denen am besten selbstbewusstes Denken und Handeln erkennbar ist. Du wirst sie sicher nicht alle gleich bewerten. Das eine fällt dir einfach leicht, das andere eher weniger. Es geht in drei Teilen zuerst um deinen Selbstwert, danach um dein Selbstvertrauen und zum Abschluss um deine Selbstliebe. So bekommst du neben deiner Selbsteinschätzung zusätzlich noch einmal ein kleines Gefühl für die drei Kernkapitel meines Buchs.

Egal wie dein Ergebnis ausfällt: Es ist gut, denn du beschäftigst dich mit dir selbst.

Ganz wichtig: In den Aussagen sind einige, aber nicht alle, Facetten des Selbstbewusstseins dargestellt. Wenn du sie für dich bewertest, bekommst du zugleich ein wenig Gefühl dafür, an welchen du eventuell zuerst arbeiten könntest. Dass all die Sachverhalte miteinander verwoben sind, wird nun zum Vorteil. Denn in dem Moment, in dem du an einem Punkt schrittweise vorankommst, beeinflusst du oft auch andere Bereiche. Allerdings – wie eben schon beschrieben – hängen die Themen so sehr zusammen, dass eine scharfe Abgrenzung gar nicht möglich ist.

Das Wichtigste aber ist, egal wie dein Ergebnis ausfällt: Es ist gut! Du beschäftigst dich mit dir selbst, du nimmst dich wahr. Damit bist du sehr, sehr vielen Menschen bereits um Längen voraus. Denn die meisten kämen gar nicht auf die Idee, sich mit sich selbst zu beschäftigen. Du wirst dir damit deiner selbst bewusst, und das ist der erste Schritt zum Selbstbewusstsein.

Die Bewertung ist recht einfach:

Trifft eine Aussage gar nicht zu, kreuzt du die 0 an.
Trifft eine Aussage ein wenig zu, kreuzt du die 1 an.
Trifft eine Aussage zumeist zu, kreuzt du die 2 an.
Trifft eine Aussage gänzlich zu, kreuzt du die 3 an.

Danach zählst du die angekreuzten Punkte zusammen und suchst die entsprechende Bewertung im anschließenden Auswertungskapitel.

Aussagen zum Selbstwert

Die Aussage stimmt für mich …				
… gar nicht	… ein wenig	… zumeist	… gänzlich	
0	1	2	3	
				Ich vergleiche mich oft mit anderen und fühle mich nicht gut dabei.
				Mir fällt es immer wieder schwer, Nein zu sagen.
				Ich denke sehr oft darüber nach, wie wohl andere über mich denken.
				Meine Stärken und Fähigkeiten halte ich für nichts Besonderes.
				Es fällt mir schwer, mir meine Schwächen einzugestehen.
				Ich denke oft negativ, das kostet mich Stimmung und Energie.
				Die Meinung anderer ist mir oft wichtiger als meine eigene.

Aussagen zum Selbstvertrauen

Die Aussage stimmt für mich …				
… gar nicht	… ein wenig	… zumeist	… gänzlich	
0	1	2	3	
				In Situationen, die für mich neu sind, fühle ich mich nicht wohl.
				Mir fällt es schwer, andere um Hilfe und Auskunft zu bitten.
				Im Mittelpunkt zu stehen, ist mir eher unangenehm.
				Es fällt mir schwer, mich neuen Herausforderungen zu stellen.
				Ungerechte Behandlung schlucke ich herunter, beschwere mich selten.
				Es macht mir keine Freude, neue Menschen kennenzulernen.
				Wenn mir Dinge nicht gelingen, bin ich sehr enttäuscht von mir.

Aussagen zur Selbstliebe

Die Aussage stimmt für mich …				
… gar nicht	… ein wenig	… zumeist	… gänzlich	
0	1	2	3	
				Es fällt mir schwer, auf mich und meine Entwicklung stolz zu sein.
				Wenn andere mir Komplimente machen, fühle ich mich unwohl.
				Ich bin mit mir und mit meinem Körper unzufrieden.
				Für Geleistetes und eigene Erfolge belohne ich mich selten.
				Andere anzuerkennen und zu loben, fällt mir schwer.
				In Gedanken kritisiere ich mich und meine Handlungen oft selbst.
				Ich bin schnell neidisch oder eifersüchtig anderen gegenüber.

Auswertung

0 bis 5 Punkte

Das ist ein absolutes Spitzenergebnis, Glückwunsch! Du bist in deinem Verhalten souverän und authentisch. Anderen Menschen gegenüber hast du keine Scheu, kannst deine Wünsche klar formulieren. Du stehst zu dir, sowohl zu deinen Stärken als auch zu deinen Schwächen. Du bist echt und versteckst dich nicht. Vielleicht kannst du andere auf ihrem Weg zu mehr Selbstbewusstsein stärken und begleiten?

Danke, dass du dich trotzdem mit diesem Thema beschäftigst. Denn es gibt immer noch ein klein wenig Luft nach oben ...

6 bis 20 Punkte

Dein Selbstbewusstsein ist bereits gut ausgeprägt. Deine Basis steht, du bist in deinem Verhalten in der Regel sicher. In den meisten Situationen stehst du zu dir, bist echt und überzeugend. Es gibt aber durchaus noch Potenzial, das es auszuschöpfen lohnt. Arbeite weiter an dir, an deinem Selbstvertrauen, an deiner Selbstsicherheit.

Vielleicht können dir ein paar Sichtweisen der sehr selbstbewussten Menschen aus diesem Buch noch ein paar ausgewählte Impulse geben?

21 bis 40 Punkte

Selbstbewusstes, selbstsicheres Auftreten ist noch nicht zu jeder Zeit deine Sache. Nicht immer schaffst du es, dich durchzusetzen und zu dem, was du denkst, fühlst und willst, zu stehen. Situationen, die dir fremd oder unangenehm sind, meidest du mitunter. In Bezug auf das Thema Selbstbewusstsein hast du noch einige Luft nach oben.

Dass du dich diesem Thema widmest, ist deshalb goldrichtig. Denn auch selbstbewusste Menschen waren dies nicht von Geburt an. Sie haben an sich gearbeitet. Das kannst du auch. Suche dir aus diesem Buch gezielt die Schritte dafür aus, die zu dir passen!

41 bis 63 Punkte

Für dein Selbstbewusstsein ist kräftiger und ausdauernder Rückenwind sehr wertvoll. Es braucht Zeit, um überzeugt zu sich stehen zu können, seine Stärken zu erkennen und seine Schwächen anzunehmen. Doch niemand ist zu einhundert Prozent selbstbewusst auf die Welt gekommen. Für alle ist es eine Entwicklung.

Dein Riesenvorteil ist: Du interessierst dich dafür, du willst an dir arbeiten. Damit bist du anderen bereits um Längen voraus, denn du beginnst dir deiner selbst bewusst zu werden. Plane deine – zu dir passenden – kleinen und großen Schritte zu mehr Selbstbewusstsein mit diesem Buch.

ANHANG

Stichwortverzeichnis

Der Autor Steffen Ritter

Steffen Ritter ist einer der bekanntesten Wirtschaftsredner im deutschsprachigen Raum.

Seit über zwei Jahrzehnten trainiert er die unterschiedlichsten Menschen auf ihrem Weg zu einem selbstbestimmten, erfolgreichen Leben und berät Unternehmen in ihrer strategisch klaren, sich ihrer selbst bewussten Entwicklung. Seit 1992 ist Steffen Ritter Geschäftsführer und Vordenker des von ihm gegründeten Beratungs- und Trainingsunternehmens Institut Ritter. Seit 2005 leitet er zudem mehrfach pro Jahr die Entwicklungstage am Kap Arkona auf der Insel Rügen sowie auf der Zugspitze, in denen er in sympathisch-souveräner und zugleich aufrüttelnder Art begeistert.

Steffen Ritter ist verheiratet, Vater von vier Kindern und lebt mit seiner Familie in Sangerhausen im südlichen Harz.

Laufend dranbleiben und vernetzen?

Snapchat	einfach adden: steffenritter
Blog	www.endlich-selbstbewusstsein-staerken.de
YouTube	www.youtube.com/steffenritterlive
Facebook	www.facebook.com/selbstbewusstseinstaerken
	www.facebook.com/steffenritterlive

Instagram	www.instagram.com/selbstbewusstseinstaerken www.instagram.com/steffenritterlive

Du erreichst Steffen Ritter über Institut Ritter GmbH
Markt 5
D-06526 Sangerhausen

Telefon	+49 (0)3464 573980	E-Mail	info@institutritter.de
Telefax	+49 (0)3464 573982	Internet	www.institutritter.de

Der Illustrator Werner Tiki Küstenmacher

Werner Tiki Küstenmacher wurde 1953 in München geboren. Seit seiner Kindheit ist Tiki ununterbrochen als Karikaturist tätig.

Nach dem Studium der evangelischen Theologie machte er eine journalistische Zusatzausbildung beim Münchner Merkur und dem Bayerischen Rundfunk (Radio und Fernsehen). Von 1981 bis 1990 gründete und leitete er für die evangelische Kirche in Bayern das Evangelische Fernsehen, eine TV-Produktionsfirma für SAT.1 und RTL.

Tiki Küstenmacher ist regelmäßiger Mitarbeiter bei Radio Bayern1 und Bayern3 (»Evangelische Morgenfeier«, »Auf ein Wort«). Bis heute hat er mehr als 100 Bücher veröffentlicht. *Simplify your life* war etwa das 70ste und wurde 2001 ein Bestseller. Das Buch wurde in 40 Sprachen übersetzt, Weltauflage 4 Millionen. Inzwischen ist www.simplify.de ein riesiges Webportal zum Thema Lebensvereinfachung.

Er ist verheiratet mit der Autorin Marion Küstenmacher. Die beiden haben drei Kinder und wohnen in Gröbenzell bei München.

Weitere, umfangreiche Informationen bekommst du auf www.kuestenmacher.com.

Als Keynote-Speaker auf Tagungen ist Werner Tiki Küstenmacher buchbar über

REFERENTEN : GUILLOT
Referentenagentur
Edinger Berg 1
54310 Ralingen-Edingen

Telefon	+49 (0)6585 992911	E-Mail	tiki@referenten.de
Telefax	+49 (0)6585 992929	Internet	www.referenten.de

GABAL

Augen zu, Ohren auf!
Diese Bücher können sich hören lassen.

Ungekürzte Hörbuchfassungen

Steffen Kirchner
Totmotiviert?
ISBN 978-3-86936-713-2
€ 49,90 (D) / € 56,00 (A)

Paul Johannes Baumgartner
Das Geheimnis der Begeisterung
ISBN 978-3-86936-712-5
€ 39,90 (D) / € 44,80 (A)

Rob Symington, Dom Jackman, Mikey Howe
Das Escape-Manifest
ISBN 978-3-86936-680-7
€ 49,90 (D) / € 56,00 (A)

Peter Brandl
Kommunikation
ISBN 978-3-86936-714-9
€ 39,90 (D) / € 44,80 (A)

Stefan Merath
Der Weg zum erfolgreichen Unternehmer
ISBN 978-3-86936-032-4
€ 59,90 (D) / € 67,20 (A)

Cordula Nussbaum
Geht ja doch!
ISBN 978-3-86936-681-4
€ 49,90 (D) / € 56,00 (A)

Ilja Grzeskowitz
Die Veränderungs-Formel
ISBN 978-3-86936-682-1
€ 49,90 (D) / € 56,00 (A)

Stefanie Demann
Selbstcoaching
ISBN 978-3-86936-683-8
€ 39,90 (D) / € 44,80 (A)

mp3 **Alle Titel auch als MP3-Download erhältlich**

gabal-verlag.de